Dirk Schart | Nathaly Tschanz
Augmented und Mixed Reality

Dirk Schart | Nathaly Tschanz

# Augmented und Mixed Reality

## für Marketing, Medien und Public Relations

2., überarbeitete und erweiterte Auflage

UVK Verlagsgesellschaft Konstanz · München

Den YouTube®-Kanal zum Buch finden Sie unter augmented-reality-praxis.de

Bibliografische Informationen der Deutschen Bibliothek
Die Deutsche Bibliothek verzeichnet diese Publikation in der Deutschen Nationalbibliographie; detaillierte bibliographische Daten sind im Internet über <http://dnb.ddb.de> abrufbar.

ISBN 978-3-86764-822-6

Das Werk einschließlich aller seiner Teile ist urheberrechtlich geschützt. Jede Verwertung außerhalb der engen Grenzen des Urheberrechtsgesetzes ist ohne Zustimmung des Verlags unzulässig und strafbar. Das gilt insbesondere für Vervielfältigungen, Übersetzungen, Mikroverfilmungen und die Einspeicherung und Verarbeitung in elektronischen Systemen.

© UVK Verlagsgesellschaft Konstanz und München 2018

Lektorat: Rainer Berger, München
Einbandgestaltung: Zlata Delic, München und
Susanne Fuellhaas, Konstanz
Infografik: Christoph Bergleiter, Günzburg
Einbandmotive: © zhudifeng, © ghoststone, © xyzproject (bigstockphoto.com)
Bilder in Abbildungen: © radub85, © pitels, © extrol – fotolia.com
Gestaltung: Claudia Rupp, Stuttgart
Druck und Bindung: cpi – Ebner und Spiegel, Ulm

UVK Verlagsgesellschaft mbH
Schützenstr. 24 · 78462 Konstanz
Tel. 07531-9053-0 · Fax 07531-9053-98
www.uvk.de

# Geleitwort

Bei meinem letzten Trip nach Japan hörte ich fasziniert einer Durchsage an der U-Bahn-Station zu. Die junge Dame am Lautsprecher bat die Fahrgäste höflich, dass sie beim Gehen nicht aufs Smartphone schauen und spielen oder texten sollten. Es bestünde sonst die Gefahr, dass sie auf die Gleise stürzen.

Das ist nur eine nette Urlaubsanekdote, meinen Sie? Falsch gedacht. Um zu erkennen, dass meine Erzählung kein Einzelfall ist, müssen Sie keine groß angelegte Studie durchführen.

Ein scharfer Rundumblick am nächstbesten Bahnhofsgleis reicht völlig aus, um zu erkennen, dass immer mehr Menschen viel stärker fasziniert sind von dem, was sie digital auf ihrem Smartphone-Display erleben, als von der Realität, die sie umgibt.

Doch etwas stört das Digital-Idyll: der flache Screen. Dieses kleine Guckloch ins Virtuelle wird der menschlichen Wahrnehmung einfach nicht gerecht.

Der permanente Blick auf diesen einen Fixpunkt sorgt für Genickstarre und dafür, dass dem nützlichen Taschencomputer ein Image als sozialer Störenfried anhängt. Und das völlig zu Recht: Keine andere Technologie macht die Lücke zwischen digitaler und analoger Realität so offensichtlich wie das Smartphone.

Der Screen-Barriere zum Trotz wächst die Sehnsucht des Menschen nach Digitalität im Alltag. Die Nutzungszahlen von Onlineservices steigen und die Verweildauer im Netz nimmt zu. Laut einer Nielsen-Untersuchung aus dem ersten Quartal 2017 verbringen US-Bürger täglich bis zu fünf Stunden vor einem Display (zuzüglich TV), Tendenz steigend.

Der digital vernetzte Mensch ist demnach längst Realität. Aber bei seiner Reise ist er auf Werkzeuge angewiesen, die lange vor dem Internet erfunden wurden. Was tun?

**Geleitwort**

### Die vielen Realitäten im Silicon Valley

Die Silicon-Valley-Milliardäre kennen die Lösung bereits, mit der die Menschheit der Smartphone-Genickstarre entkommt und wieder stolz die Köpfe heben kann. Sie werfen ihr Geld auf das nächste große Ding, das diese Revolution in Gang bringen wird: Augmented Reality.

Oder war es doch die Mixed Reality? Merged Reality? Hyper Reality? Virtual Reality? O weh! Bei so vielen Möglichkeiten bleibt uns am Ende nur die Real Reality.

Keine Sorge, liebe Leser, ich sorge für Klarheit: Viele Jahrzehnte hat uns der Computer mit flachen Bildern gepiesackt und unseren Körper mit banalen Eingabegeräten wie Maus, Tastatur und Touch-Screen gelangweilt. Jetzt reicht es: Wir erfinden alles neu!

### Zwei Paradigmenwechsel sorgen für den nächsten Medienumbruch

Zwei Paradigmenwechsel verändern in den kommenden Jahren, wie Menschen digitale Inhalte konsumieren.

Der erste Wandel: Flache Bilder verlassen das Display und werden räumlich dargestellt. Das sorgt dafür, dass wir die digitale Sphäre erstmals ähnlich wie die Realität sehen können.

Die zweite Veränderung: Der menschliche Körper wird zum Interface. Wir steuern Apps nicht mehr nur mit der Spitze unseres Zeigefingers, sondern indem wir uns durch sie hindurchbewegen. Wir navigieren mit Blicken, Gesten, unserer Stimme und irgendwann mit unseren Gedanken.

Das fällt uns leicht, denn unseren Körper kennen wir – im Gegensatz zu Maus und Tastatur – von Geburt an. Das natürlichste aller Interfaces eröffnet uns völlig neue Möglichkeiten im Umgang mit Computern. Außerdem senkt die Körpersteuerung die Einstiegsbarriere zur digitalen Welt für alle Menschen, unabhängig von Alter, IT-Wissen oder Bildungsstand.

### Das logische Interface für eine voll durchdigitalisierte Welt

Ziel dieser neuen Computer ist es nicht, die Realität abzuwerten. Stattdessen werten sie das Digitale auf. Das ist dringend notwendig, denn die Menschheit hat sich dazu entschlossen, immer mehr Zeit mit und in digitalen Umgebungen zu verbringen.

Wenn wir in Zukunft die Monitorfessel hinter uns lassen und das Digitale mit allen Sinnen erfahren, gewinnen wir die Lebensqualität zurück, die wir mit dem starren Blick in den Monitor über viele Jahre verloren haben.

Wir sind so sehr an flache Inhalte und eindimensionale Interaktionsmechanismen gewöhnt, dass wir uns nicht vorstellen können, dass Computer eines Tages keine grauen Kästen mehr sind, sondern digitale Umgebungen, in denen wir sehen, hören und fühlen wie in der Realität.

In den kommenden Jahren wird diese Science-Fiction nach und nach Wirklichkeit, denn die Matrix haben wir Menschen längst erschaffen. Wir können sie nur noch nicht betreten und völlig begreifen. Stattdessen wabert sie als digitale Sphäre unsichtbar durch die Realität und begleitet uns auf Schritt und Tritt.

Durch die neuen Interfaces der „Many Realities" vermischt sich diese Matrix zukünftig nahtlos mit der analogen Welt. Die ultimative Vision ist die perfekte Mischrealität, eine gleichzeitige und gleichberechtigte Koexistenz der analogen und digitalen Welt in allen Spielarten, Situationen, Farben und Formen.

Das verändert grundlegend, wie Menschen über weite Distanzen hinweg interagieren, sich informieren, lernen oder sich amüsieren. Es ist der nächste große Einschnitt nach der Erfindung der Höhlenmalerei, des Buchdrucks, den audiovisuellen Medien und der Vernetzung von allem mit allem durch das Internet. Auf das Internet der Dinge folgt das Internet der Begegnung.

### Die Erfinder und Bastler müssen erfinden und basteln

Der Weg für diese Computerrevolution ist noch weit, da sollten wir uns nichts vormachen. Bisher sind nur Grundlagen und einzelne Bereiche erforscht. Das große Puzzle muss erst noch zusammengesetzt werden.

Einige Technologien, die es für den Durchbruch der „Many Realities" benötigt, sind noch gar nicht erfunden. Die Brillen sind zu klobig, die Auflösung und das Sichtfeld zu gering, externe Zuspieler und Sensoren stören den Nutzungskomfort, digitale Objekte können nicht angefasst oder gerochen werden und günstige Smartphone-Anwendungen nutzen das immersive Potenzial von AR und VR nur im Ansatz aus.

Die Macher dieser neuen Computer haben zweifelsohne noch viel Arbeit vor sich, um die ganz große Vision der Mischrealität und einer virtuellen Zwischenwelt in die Tat umzusetzen.

Dass ihnen das auf lange Sicht gelingt, scheint dank der nie versiegenden Geldströme von Apple, Facebook, Google und Co. gewiss. Wie lange es dauern wird, das weiß indes niemand.

**Ein Buch wie das von Dirk Schart und Nathaly Tschanz hilft dabei, den Wandel hin zu völlig neuen Formen der Mensch-Computer-Beziehung frühzeitig zu begreifen, zu durchdringen und – in der Rolle als Entwickler, Erzähler, Verkäufer oder Anwender – zu gestalten.**

Frankfurt am Main, Herbst 2017

Matthias Bastian

Herausgeber von vrodo.de – das Magazin für Mixed Reality

## So nutzen Sie Augmented Reality im Buch

Ein Buch über Augmented und Mixed Reality ohne Live-Beispiele – unmöglich! Um Ihnen einen schnellen Einstieg zu verschaffen, haben wir mithilfe von Wikitude Studio diverse Inhalte im Buch mit digitalem Content verknüpft. Wie Sie auf die erweiterten Inhalte zugreifen können, zeigt die ausführliche Erklärung unten.

In Kapitel 1 gibt es zusätzlich zwei AR-Beispiele zum Entdecken – eine Stand-alone-Mobile-App und einen Print-Case. Wer noch mehr sehen möchte oder spezifische Anwendungsbeispiele sucht, kann sich gerne bei uns melden.

Interaktive Umsetzung der Augmented-Reality-Inhalte mit Wikitude Studio und App.

Den YouTube®-Kanal zum Buch finden Sie unter augmented-reality-praxis.de

 Laden Sie sich die Wikitude-App für Android (Google Play Store) oder iOS (Apple App Store) herunter.

 Öffnen Sie die Wikitude-App auf Ihrem Mobilgerät und geben das Codewort **arcontent** in das Suchfeld der App ein.

 Halten Sie Ihr Mobilgerät auf die mit dem AR-Logo gekennzeichneten Abbildungen. Viel Spaß beim Ausprobieren und Entdecken!

 An den Stellen, die mit dem AR-Logo versehen sind, finden Sie zusätzliche digitale Angebote.

# Vorwort

Lebten wir bisher tagtäglich in der „reduzierten Realität"? Diese Frage hat uns kürzlich ein Teilnehmer bei einem Vortrag gestellt. Kein abwegiger Gedanke, denn tatsächlich: Durch Augmented, Mixed und Virtual Reality stehen wir am Anfang der Eroberung neuer Welten – mit Datenbrillen, Smartwatches und Gesture Controller als neuen Interfaces. Waren bis jetzt iPhone und iPad unsere Begleiter, so sind es bald Microsoft HoloLens, Oculus Rift, Samsungs Gear VR etc. Was vor Kurzem nur in Science-Fiction-Streifen zu sehen war, hat bereits Einzug in unseren Alltag gehalten.

Wer verstehen will, welche neuen Möglichkeiten durch Augmented und Mixed Reality entstehen, wer darüber entscheiden will, ob sie im eigenen Unternehmen eingesetzt werden sollen und welche Herausforderungen und Chancen dabei entstehen, der muss zunächst begreifen, was es bedeutet, Medien und Technologie miteinander zu verschmelzen, um daraus eine neue User Experience zu gestalten. Denn ohne dieses Wissen ist es kaum möglich, zu beurteilen, ob AR/MR wirklich die richtigen Medien für ein bestimmtes Vorhaben sind.

Die beiden Begriffe wirken immer noch sperrig und kommen den meisten Menschen nur zögerlich über die Lippen. Umso größer werden die Augen, wenn AR/MR in Aktion tritt – wenn Produkte zum Leben erweckt, digitale Informationen an reale Objekte geheftet werden oder Verborgenes plötzlich sichtbar wird.

Die für Marketing, PR und Medien noch relativ jungen Technologien treten erst langsam ins Bewusstsein von Medienschaffenden und Verantwortlichen der Kommunikationsbranche. Der Wissensstand darüber ist daher oft noch gering. Dem möchten wir mit diesem Buch Abhilfe schaffen. Denn gerade für den Kommunikationsbereich eröffnen sich ganz neue Möglichkeiten für die Erstellung und Vermittlung von Inhalten.

Wir verfolgen seit mehreren Jahren die Entwicklung von AR und MR, welche bis vor gar nicht allzu langer Zeit von vielen als bloßer Hype angesehen wurde. Aber nicht von allen.

## Vorwort

Facebook-Gründer Mark Zuckerberg beispielswiese sah bereits 2015 die Zukunft unserer Computernutzung in Augmented Reality.

„In another 10 to 15 years, you can imagine that there will be another platform, which is even more natural and even more built into our lives than mobile phones. I think it's pretty easy to imagine that in the future we will have something that we can either wear – and it'll look like normal glasses. And you'll just be able to have context with what's going on around you in the world and communicate with people and not have to disrupt your conversations by looking down."[1]

Zwei Jahre später, im April 2017, macht Zuckerberg ernst und präsentiert auf der Facebook Developer Conference F8 in San José Facebooks Pläne mit AR. Die Kamera-App soll künftig als Plattform dienen, um möglichst einfach AR-Anwendungen bauen zu können.[2]

Nun dürfte auch den größten Zweiflern klar geworden sein: kein Hype. Dennoch lassen wir Superlative im Buch ganz bewusst weg und bemühen uns um eine möglichst nüchterne Darlegung der Stärken – aber auch Schwächen – der Technologien. Trotzdem darf man wohl ohne Übertreibung sagen: Wer sich wirklich einmal mit Augmented und Mixed Reality befasst, realisiert schnell selbst, über welch riesiges Potenzial sie verfügen. Man braucht nur die Reaktionen der Nutzer zu beobachten und spürt die Emotionen und die Faszination, welche sie auslösen. Dennoch ist vielfach Zurückhaltung und Skepsis zu spüren. Geringe Expertise, ideenlose Konzepte und wenig leistungsfähige Geräte lieferten vielfach nicht das, was den Unternehmen versprochen wurde. Im Moment tut sich aber einiges. Google, Samsung, Microsoft, Apple, Facebook etc.: Die großen Player haben das Potenzial erkannt, das Wettrüsten ist in vollem Gange.

Noch bedarf es Verbesserungen und anwenderfreundlicher Konzepte, aber eines ist klar: Die Verschmelzung von Online- und Offlinewelt wird Bestandteil unseres täglichen Lebens werden. Die Frage nach Smartphone, Tablet oder Datenbrille ist dabei zunächst nicht relevant. Dies werden die Anwender und die Use Cases entscheiden. Für den Moment ist wichtig, dass sich die Geräte und ihre Technik – wie Sensoren, Kameras und Displays – weiter verbessern.

Für uns, die wir im Marketing- und Kommunikationsbereich tätig sind, ist neben den heute oder in Zukunft verfügbaren Geräten vor allem eines wichtig: der Content.

In der heutigen Informationsflut und der daraus resultierenden Aufmerksamkeitskonkurrenz der Medien gibt es in Verbindung mit den Inhalten zwei ganz wesentliche Faktoren: Kontext und Relevanz. Gerade technologisch geprägte Tools wie Augmented und Mixed Reality können dieses Thema bestens ausspielen. Der Kontextbezug zum Aufenthaltsort der Nutzer, zur aktuellen Aktivität und zu persönlichen Vorlieben und Bedürfnissen lässt eine sehr individuelle und personalisierte Kommunikation zu. Dabei muss der Content immer Relevanz für den Nutzer haben. Wir sprechen deshalb im Buch von Context Marketing: interaktive Inhalte zur richtigen Zeit am richtigen Ort für die passende Situation liefern – in Echtzeit.

## Das erste Buch über Augmented und Mixed Reality für Marketing, Medien und Public Relations

Als wir uns die ersten Gedanken zu diesem Projekt gemacht haben, gab es kein Buch, das sich fokussiert mit AR/MR für Marketing, Kommunikation und Medien befasste. Die meisten Werke sind von Informatikern geschrieben und erklären hauptsächlich die technischen Aspekte. Da wir beide in den vergangenen Jahren viel praktische Erfahrung sammeln konnten und uns die Technologien sehr am Herzen liegen, wurde uns schnell klar: Diese Lücke müssen wir schließen. Es ist uns ein Anliegen, dass AR und MR den Stellenwert erhalten, den sie verdienen – und dafür braucht es gute Anwendungen.

Ziel war daher, ein praxisorientiertes Buch zu schreiben, das einerseits einen Einblick in die Technologie und die Entwicklung von Medien und Marketing gibt, andererseits den Fokus auf erfolgreiche Beispiele und das konkrete Vorgehen bei der Entwicklung von Anwendungen legt. Das Ergebnis: die Grundlagen für ein besseres Verständnis, eine Übersicht der wichtigsten Best-Practice-Beispiele, ein Kapitel mit den 10 Milestones zur App-Entwicklung und Live-Demos mit AR – direkt aus dem Buch abrufbar.

Auch das ist eine Premiere: Keines der AR-Bücher auf dem deutschen Markt enthält nämlich selber Augmented-Reality-Inhalte. Wir legen Wert auf Lean und Praxisorientierung. Deshalb ist es ein kompaktes Buch geworden – verständlich und möglichst informativ. Wir haben den Umfang des Buchs bewusst überschaubar gehalten. Was die einzelnen Themen oder auch gewünschte Inhalte betrifft, begrüßen wir aber Feedback sehr und rufen daher unsere Leser auf, sich aktiv an der weiteren Gestaltung des Buchs zu beteiligen. Melden Sie sich einfach!

Doch jetzt ist es erst einmal an der Zeit, die reduzierte Realität zu verlassen. Viel Spaß beim Lesen und Eintauchen und viel Erfolg mit AR/MR!

## Vorwort

Die Autoren:
Dirk Schart und
Nathaly Tschanz

**Dirk Schart**
E-Mail: dirk.schart@gmail.com | Twitter: @DirkSchart

**Nathaly Tschanz**
E-Mail: mail@nathaly-tschanz.ch | Twitter: @n_tschanz

### Anmerkungen

[1] Ferenstein, Gregory (2015): Zuckerberg's 3 predictions for what social networks will look like in 10 years. Abgerufen am 19.05.2017 von http://venturebeat.com/2015/01/14/zuckerbergs-3-predictions-for-what-socialnetworks-will-look-like-in-10-years/

[2] Guardian (2017): Facebook's key to building communities in divided times: augmented realit. Abgerufen am 19.05.2017 von https://www.theguardian.com/technology/2017/apr/18/facebook-mark-zuckerberg-f8-speech-augmented-reality

## Vorwort

### Danke!

Ohne die Unterstützung von diversen Experten wäre es nicht möglich gewesen, das Buch in dieser Form herauszugeben. Als allererstes danken wir Martin Herdina, Philipp Nagele und Andy Gstoll von Wikitude für ihren Support mit dem Wikitude Studio – der Basis für die Live-Demos im Buch.

Zudem bedanken wir uns bei allen, die uns auf neue Ideen gebracht, die Kapitel kritisch durchleuchtet, uns mit Material aus ihrem Fundus versorgt oder anderweitig ausgeholfen haben. Vielen Dank an Matthias Bastian, Christoph Bergleiter, Zlata Delic, Stefan Göppel, Marianne Heilig, Jan Heitger, Harry Hulme, Kerim Ispir, Wolfgang Lanzenberger, Daniél Lazo, Eran May-Raz, Diego Montoya, Anne Seeger, Wolfgang Stelzle, Ivan Sutherland, Dan Talmon, Philippe Widmer.

Ein Praxishandbuch lebt von Beispielen. Aus diesem Grund möchten wir uns auch bei allen Verantwortlichen der Unternehmen bedanken, die uns ihre Use Cases und Bildmaterial zur Verfügung gestellt haben. Namentlich sind dies: Wojtek Borowicz (Estimote Inc.), Annett Gläsel-Maslov (Metaio), Quentin Yan (SmartPixels), Nicole Bard (L'Oréal Deutschland), Carola von Wendland (Dassault Systèmes 3DEXCITE), Debby Fry Wilson (Microsoft), Scot Williams (Quince Imaging), Tobias Wilhelm (Vectorform), Jane Alexander (Cleveland Museum of Arts), Artur Demirci (Mercedes Benz), Andrew Humbles (Apache Solutions), Hannah Fleckenstein (Pepsi), Juli Borzsei (Appshaker), Julia Cramer (Jung von Matt/Spree), Joe Slevin (WDMP), Christine Soner (IKEA), Martin Krotki (Appear2Media), Christian Zeintl (BASF), Anna Aiello (Kenzan Studios), Valerie Williams (Lowe's Innovation Labs), Yafine Lee (Niantic Labs), Ralph Barbagallo (Flarb), Erin McCarty (Meta), Dirk Ahlborn (Hyperloop Transportation Technologies).

Ein großes Dankeschön geht auch an unsere Familien und Freunde – für die aufgebrachte Geduld während der letzten Jahre, in denen wir viel Zeit mit Schreiben, Recherchieren, Lesen und Testen verbracht haben. Nathaly bedankt sich insbesondere bei ihrem Mann Fernando und Dirk bei seiner Frau Ingrid und seinem Sohn Nicolas.

Nicht vergessen möchten wir zudem Rainer Berger und das gesamte UVK-Team. Auch ihnen herzlichen Dank für die gute Betreuung und die vielen Ideen.

# Inhaltsverzeichnis

Geleitwort . . . . . . . . . . . . . . . . . . . . . . . . . . . 5

So nutzen Sie Augmented Reality im Buch . . . . . . . . . . 8

Vorwort . . . . . . . . . . . . . . . . . . . . . . . . . . . . . 9
Das erste Buch über Augmented und Mixed Reality für
Marketing, Medien und Public Relations . . . . . . . . . . . 11
Danke! . . . . . . . . . . . . . . . . . . . . . . . . . . . . . . 13

Augmented und Mixed Reality – was ist das? . . . . . . . . 19     Kapitel 1
1. AR, MR, VR – wer blickt da noch durch? . . . . . . . . 19
2. Definition aus Medien- und Kommunikationssicht . . . 25
3. AR im engeren und weiteren Sinne . . . . . . . . . . . 26
4. Wie alles begann . . . . . . . . . . . . . . . . . . . . 28
5. Mehr echter Mehrwert – weniger „Gimmick" . . . . . . 34
6. Anwendungsfelder – heute und morgen . . . . . . . . 35
   ▶ Wie wir unseren Alltag bestreiten . . . . . . . . . . 36
   ▶ Wie wir einkaufen . . . . . . . . . . . . . . . . . . 37
   ▶ Wie wir lernen . . . . . . . . . . . . . . . . . . . . 37
   ▶ Wie wir arbeiten . . . . . . . . . . . . . . . . . . . 38
   ▶ Industrie . . . . . . . . . . . . . . . . . . . . . . . 38
   ▶ Medizin . . . . . . . . . . . . . . . . . . . . . . . . 39
   ▶ Real Estate und Innenarchitektur . . . . . . . . . . 39
   ▶ Militär/Luftfahrt . . . . . . . . . . . . . . . . . . . 39
   ▶ Wie wir Freizeit und Entertainment genießen . . . . 40
   ▶ TV . . . . . . . . . . . . . . . . . . . . . . . . . . 40
   ▶ Gaming . . . . . . . . . . . . . . . . . . . . . . . . 40
   ▶ Tourismus und Navigation . . . . . . . . . . . . . . 41
Anmerkungen . . . . . . . . . . . . . . . . . . . . . . . . . 42

**Inhaltsverzeichnis**

| | | |
|---|---|---|
| Kapitel 2 | **Wie funktionieren Augmented und Mixed Reality?** ............... | 45 |
| | 1. Komponenten von AR- und MR-Systemen ............ | 45 |
| | 2. Visuelles bzw. optisches Tracking ................ | 47 |
| | 3. Nichtvisuelles Tracking ..................... | 50 |
| | ▶ Laufzeitbasiertes Tracking (Time of flight) ......... | 50 |
| | ▶ Magnetisches Tracking ................... | 51 |
| | ▶ Trägheitsnavigationssysteme (inertiale Navigationssysteme) ....................... | 51 |
| | ▶ Mechanisches Tracking .................. | 51 |
| | 4. Sensor Fusion ........................... | 52 |
| | 5. Sensoren im Überblick ...................... | 52 |
| | 6. Darstellung ............................ | 54 |
| | ▶ Bildschirm-Darstellung .................. | 54 |
| | ▶ Mobilgeräte (Handhelds) ................. | 55 |
| | ▶ Head-mounted Displays (HDM) .............. | 55 |
| | ▶ Microsoft HoloLens .................... | 57 |
| | ▶ Head-up-Displays .................... | 60 |
| | ▶ Kontaktlinsen ...................... | 60 |
| | 7. Software, Browser, Apps, Content-Management-Systeme ... | 60 |
| | Anmerkungen ............................. | 64 |
| Kapitel 3 | **Warum profitieren digitale Kommunikation und Mobile Marketing von AR/MR?** ............... | 65 |
| | 1. Kommunikation im digitalen Medienzeitalter .......... | 65 |
| | ▶ Kommunikation gestern und heute ............ | 66 |
| | ▶ Vom Informationsangebot zur Informationsflut ....... | 67 |
| | ▶ Digital und Mobile auf dem Vormarsch .......... | 68 |
| | 2. Wie nehmen Menschen Content wahr? ............. | 70 |
| | ▶ Unser Gehirn lernt aus der Informationsflut ........ | 71 |
| | ▶ Kombination mehrerer Sinne ............... | 71 |
| | 3. Visuelle Kommunikation mit Augmented und Mixed Reality . | 74 |
| | ▶ 3D-Kommunikation mit virtuellen Objekten ........ | 75 |
| | ▶ Mehr Aufmerksamkeit schaffen .............. | 76 |
| | ▶ Von der Aufmerksamkeit zur Begeisterung ........ | 78 |
| | Anmerkungen ............................. | 80 |
| Kapitel 4 | **Wie können Augmented und Mixed Reality bestehende Kommunikations- und Marketinginstrumente erweitern?** ............... | 81 |
| | 1. Stationär, Mobile oder AR-Brille: Viele Wege führen zum „guten" Case ......................... | 81 |
| | 2. Anwendungsmöglichkeiten ................... | 83 |
| | ▶ Point-of-Sale ....................... | 83 |
| | ▶ Live-Präsentationen/Projection Mapping ......... | 88 |
| | ▶ Messen/Museen/Ausstellungen .............. | 93 |

| | |
|---|---|
| ▸ Live Events/Promotionskampagnen | 98 |
| ▸ In Kombination mit Print und Verpackungsmaterial | 105 |
| ▸ Location-based Services | 115 |
| ▸ Gaming/Storytelling | 118 |
| ▸ Ein Blick in die Zukunft | 122 |
| Anmerkungen | 124 |

## Was macht eine erfolgreiche Anwendung aus? — Kapitel 5

| | | |
|---|---|---|
| | Was macht eine erfolgreiche Anwendung aus? | 127 |
| 1. | Softwareentwicklung: Agile und Wasserfall | 127 |
| 2. | Konzept, Ziele und Einsatzgebiete | 130 |
| 3. | Content, Context und Flow | 132 |
| | ▸ Flow: Information und Entertainment | 132 |
| | ▸ Mehr Relevanz bitte: Content mit Context | 134 |
| | ▸ Achtung: Gimmicks sind raus | 136 |
| 4. | User Experience und User Interface (UX/UI) | 136 |
| 5. | Channel oder eigene App? | 141 |
| 6. | Welche Evaluierungsmöglichkeiten bieten sich an? | 144 |
| | ▸ Empirische Methoden für die Erfolgsmessung | 146 |
| | ▸ Tools für die Erfolgsmessung | 148 |
| | ▸ Rechtliche Vorgaben zu Google Analytics für Mobile Apps | 150 |
| Anmerkungen | | 151 |

## Praxiswissen: Von der Idee zur App — Kapitel 6

| | | |
|---|---|---|
| | Praxiswissen: Von der Idee zur App | 153 |
| 1. | Entwicklung einer App im Überblick | 153 |
| 2. | In 10 Milestones zur AR/MR-App | 156 |
| | ▸ 1. Milestone: Konzeptidee und Kalkulation | 156 |
| | ▸ 2. Milestone: Freigabe und User Story Map | 159 |
| | ▸ 3. Milestone: Content-Lieferung | 161 |
| | ▸ 4. Milestone: Content-Aufbau | 162 |
| | ▸ 5. Milestone: UI/UX-Design | 162 |
| | ▸ 6. Milestone: Entwicklung der App | 165 |
| | ▸ 7. Milestone: Finale User-Tests | 166 |
| | ▸ 8. Milestone: Freigabe der App | 167 |
| | ▸ 9. Milestone: App-Submit | 168 |
| | ▸ 10. Milestone: App im Store | 171 |
| Anmerkungen | | 171 |

## Ausblick — Kapitel 7

Ausblick . . . 173

## Service — Kapitel 8

| | | |
|---|---|---|
| | Service | 177 |
| 1. | Checklisten | 177 |
| 2. | Informative Blogs | 181 |
| 3. | Blogs der AR/MR-Unternehmen | 182 |

**Inhaltsverzeichnis**

    4. Blogs zu Produktentwicklung und Lean . . . . . . . . . . . . . . . 182
    5. Blogs zu User Experience/User-Tests . . . . . . . . . . . . . . . . 183
    6. Tech-Portale . . . . . . . . . . . . . . . . . . . . . . . . . . . . . . . . 183

Die Autoren . . . . . . . . . . . . . . . . . . . . . . . . . . . . . . . . . . . . 185

Register . . . . . . . . . . . . . . . . . . . . . . . . . . . . . . . . . . . . . . 187

# Kapitel 1
# Augmented und Mixed Reality – was ist das?

> **UM DAS GEHT'S!**
> - Wie werden Augmented, Mixed und Virtual Reality voneinander abgegrenzt?
> - Wie funktionieren Augmented und Mixed Reality?
> - Wie könnte eine Definition von AR/MR aus Medien- und Kommunikationssicht lauten?
> - AR im engeren und weiteren Sinn: Zählt ein QR-Code noch dazu? Und was ist mit Pokémon Go?
> - Was waren die wichtigsten Meilensteine in der Entwicklung von Augmented und Mixed Reality?
> - Welche Anwendungsfelder gibt es – heute und morgen?

## 1. AR, MR, VR – wer blickt da noch durch?

Augmented Reality? Mixed Reality? Merged Reality? Virtual Reality? Augmented Virtuality? 360-Grad-Videos? Wo zum Kuckuck fängt das eine an und wo hört das andere auf? Und was hat es mit dem Schlagwort „immersiv" auf sich, das in Medienberichten in diesem Zusammenhang ständig verwendet wird? Falls Sie verwirrt sein sollten – verständlich. Und um Sie zu beruhigen: Sie sind auch nicht allein. Sogar unter Experten toben derzeit heftige Grabenkämpfe, was die klare Eingrenzung einzelner Begriffe angeht. Versuchen wir also zuerst einmal, ein wenig Licht in dieses Durcheinander zu bringen. Dazu schauen wir uns am besten das Realitäts-Virtualitäts-Kontinuum von Milgram (1994) an:

*Realitäts-Virtualitäts-Kontinuum*

**Augmented und Mixed Reality – was ist das?**

Abb. 1:
Realitäts-Virtualitäts-Kontinuum
Quelle: Milgram et al. (1994)

Ein Ende des Kontinuums stellt die vollkommene Realität dar – das sogenannte Real Environment (die reale Realität) – das andere Ende die vollkommene Virtualität, das Virtual Environment. Alles, was sich dazwischen befindet, kann als Mixed Reality bezeichnet werden. Augmented Reality befindet sich also innerhalb der Mixed Reality – einer Kombination aus Realität und Virtualität.[1]

Abb. 2:
Augmented Reality, Mixed Reality, Virtual Reality
Quelle: Ivan Bonin (2017)

Virtual Reality

immersiv

360-Grad-Videos

Betrachten wir nun die einzelnen Begriffe ein wenig genauer. Am besten beginnen wir mit Virtual Reality (VR), weil es am einfachsten ist. Zwar nicht die technische Umsetzung – aber sie zu erklären. VR kommt bei Headsets wie Oculus Rift, HTC Vive, Playstation VR, Gear VR oder Google Cardboard zum Einsatz. VR-Brillen sind geschlossen – die reale Umwelt sieht man nicht mehr. Durch das Anziehen der Brille taucht der User in eine computergenerierte scheinbare Welt ein, in der er sich bewegen und mit ihr interagieren kann. Es wird also eine Welt erschaffen, die real erscheint, aber nicht real ist.

Für das Eintauchen in eine solche Scheinwelt wird häufig das Adjektiv „immersiv" verwendet. Es beschreibt den Effekt, den virtuelle oder fiktionale Welten auf einen Betrachter haben. Die Wahrnehmung in der realen Welt vermindert sich und der Betrachter identifiziert sich zunehmend mit der fiktiven Welt.[2] Wobei der Grad der Immersion nicht alleine durch das geschlossene VR-Headset verstärkt wird, sondern auch durch die Geschichte und Interaktion. Ein gut geschriebenes Buch kann auf seine Weise ebenso immersiv sein, so dass man sich mitten im Geschehen fühlt.

Es wird viel darüber diskutiert, ob man nun 360-Grad-Content auch zu VR zählen kann. Manch einer betrachtet 360-Grad-Videos und -fotos nicht als virtuelle Realität, weil sie nicht computergeneriert, sondern real gefilmt sind. Auch gibt es die Meinung, man könne sich darin nicht bewegen wie in einer VR-Anwendung. Dies hat allerdings wenig mit VR zu tun, sondern mit den verwendeten Brillen.

## AR, MR, VR – wer blickt da noch durch?

Eine Oculus Rift oder eine HTC Vive haben eine Positionserkennung (Positional Tracking), mit der das Bewegen in der virtuellen Welt ermöglicht wird. Bei 360-Grad-Erlebnissen kommen häufiger die mobilen Headsets wie die Samsung Gear VR oder Cardboards zum Einsatz, die genau das bislang nicht unterstützen. Richtig gelesen: bislang. Oculus arbeitet bereits an einer mobilen Version mit Inside-out-Tracking (mehr dazu in Kapitel 2). Damit ist das Thema erledigt. Bereits heute können die Nutzer mit interaktiven Elementen zwischen verschiedenen Positionen hin- und her springen, sich quasi teleportieren. VR oder nicht: Wie so oft wird die Diskussion mehr von den Experten geführt. Die Anwender kümmert diese Unterscheidung kaum.

Kommen wir nun aber zu unserem eigentlichen Kernthema: Augmented und Mixed Reality. Es fällt auf, dass insbesondere in Medienberichten heutzutage beide Begriffe oft für ein und dasselbe verwendet werden, obwohl es einige potenzielle Unterschiede gibt – je nachdem, mit wem man spricht.

Für viele sind die Unterschiede vorwiegend semantisch bedingt, wohingegen Firmen wie Microsoft ganz klar zwischen den beiden Begriffen unterscheiden. Diese Problematik zeigt sich übrigens bei neuen Technologien häufig. Irgendwie hat jeder noch seine eigene Version davon, was ein Begriff genau beinhaltet. Das macht die ganze Sache natürlich ein wenig verwirrend.

Bei Augmented Reality wird die reale Umgebung eines Benutzers mit digitalen (teilweise ortsbasierten) Informationen (Text, Bild, Video, Audio etc.), interaktiven Elementen oder (3D-)Animationen erweitert, welche in reale, durch Kameras bereitgestellte Szenen eingeblendet werden. Vereinfacht erklärt: Man richtet die Kamera eines Mobilgerätes auf ein reales Objekt (z. B. eine Sehenswürdigkeit), ein Bild oder einen Marker (→ Kapitel 2, S. 47) und auf dem Display werden digitale Inhalte eingeblendet. Diese Verbindung zwischen realen Objekten und virtuellen Inhalten liefert dem Benutzer nützliche Zusatzinformationen und Hilfestellungen – und zwar genau da, wo er sie unmittelbar braucht. Augmented Reality ist also jede Art von computer-basiertem System, das Daten über die reale Welt legt. Die Welt um einen herum sieht man aber trotzdem noch. Google Glass z. B. war ein AR-Headset – oder Piloten-Helme ebenfalls, auf deren Sichtschutz Daten projiziert werden.

Mixed Reality (manchmal auch Merged Reality oder Hybrid Reality genannt) ist nun eine Form von AR, die zwischen Virtual und Augmented Reality liegt. Auch hier wird die reale Welt mit virtuellen Objekten erweitert. Es kommt aber noch eine weitere Komponente hinzu. Diese sollen nämlich so wirken, als ob sie wirklich Teil der realen Welt sind. Während bei Augmented Reality ein Marker oder ein physisches Objekt erkannt und mit zusätzlichen Informationen oder 3D-Modellen erweitert oder überlagert wird, so wird in der Mixed Reality die Umge-

*Augmented Reality*

*Mixed Reality*
*Hybrid Reality*
*Merged Reality*

### Augmented und Mixed Reality – was ist das?

bung erkannt und die digitalen Objekte werden in den Raum eingeblendet. Möglich wird das durch verschiedene Kameras an den Mixed-Reality-Brillen, die keinen Marker zur Initialisierung benötigen (ihn aber nutzen können, wenn es erforderlich ist). Dadurch erlaubt es MR, dass sich der Anwender komplett um die virtuellen Objekte herum bewegen kann und mit ihnen interagieren kann. Ein Beispiel: Eine virtuelle Weltkugel schwebt mitten im Raum und der Nutzer kann sie sich von allen Seiten anschauen. Mittels Fingergesten lässt sich die Erde drehen oder verschiedene Punkte lassen sich „anklicken", um mehr Informationen zu erhalten.

Die HoloLens von Microsoft, die künftige Brille von Magic Leap und die Meta 2 zielen alle auf diese Art Augmented Reality ab. Natürlich können diese Geräte auch einfachere AR-Darstellungen machen – also

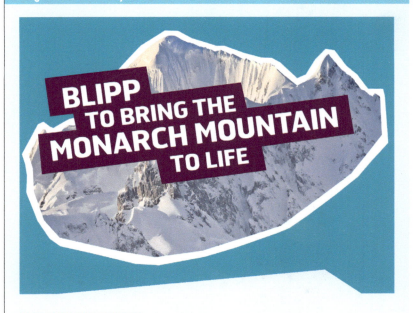

### WIE FUNKTIONIERT'S?

- ▶ Laden Sie sich die *Blippar*-App aus dem App Store, aus Google Play oder dem Windows Phone Store herunter.
- ▶ Starten Sie die App und halten Ihr Smartdevice auf das abgedruckte Bild. Sie können nun die AR-Inhalte entdecken.

Abb. 3:
AR-Beispiel-Anwendung Monarch Mountain
Quelle: WDMP/Blippar, The Monarch Mountain was reprinted with the permission of WDMP Ltd., Copyright 2015 WDMP Ltd

## AR, MR, VR – wer blickt da noch durch?

Daten einblenden, die auf dem Display fixiert sind statt in der realen Welt. Aber sie können eben noch mehr.

Doch entdecken Sie den Unterschied am besten selber. Wir haben für Sie zwei Beispiele von Augmented Reality herausgesucht. Mit Ihrem Smartphone oder Tablet können Sie zuerst den Monarch Mountain der britischen Fluggesellschaft Monarch Airlines erkunden – ein typisches Anwendungsbeispiel von AR in Verbindung mit Print. Beim zweiten Case handelt es sich um einen virtuellen Make-up-Tester von L'Oréal. Hierbei wird das Gesicht erfasst und quasi „konfiguriert". Beide Beispiele werden in → Kapitel 4 auf S. 87 und 109 noch genauer erklärt.

### Augmented Reality entdecken: L'ORÉAL MAKE UP GENIUS

### WIE FUNKTIONIERT'S?

- Laden Sie die *Make Up Genius*-App aus dem App Store oder aus Google Play herunter.
- Starten Sie die App und folgen der Anleitung auf dem Bildschirm. Bitte bestätigen Sie den Zugriff auf die Kamera mit „Ja".

Abb. 4:
Make Up Genius zur Style-Konfiguration mit Augmented Reality
Quelle: L'Oréal Deutschland (2015)

## Augmented und Mixed Reality – was ist das?

Um Mixed Reality greifbarer zu machen, bräuchten wir jetzt eigentlich ein passendes Headset. Da sehr wahrscheinlich die wenigsten ein solches griffbereit haben, schauen wir uns stattdessen folgendes Demovideo über die HoloLens an. Wissen Sie noch, was Sie dafür machen müssen? Wenn nicht: Die Anleitung finden Sie auf Seite 8.

HoloLens

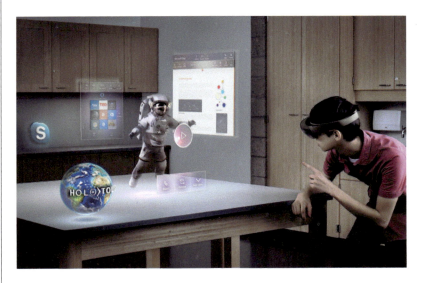

Abb. 5:
Microsoft HoloLens Demo
Quelle: Used with permission from Microsoft (2017)

Wie vorhin bereits erwähnt: Im Moment werden auch Anwendungen, die eigentlich unter dem Oberbegriff Mixed Reality laufen würden, Augmented Reality genannt – sogar von Unternehmen, die diese herstellen. Mixed Reality wird vor allem von Microsoft für ihre HoloLens verwendet. Die Medien nennen es dann häufig trotzdem Augmented Reality und fügen dann vielleicht noch ein gezwungenes „oder Mixed Reality, wie Microsoft es nennt" hinzu. Als wäre das noch nicht verwirrend genug, spricht Microsoft nun neuerdings auch noch von Holographic Computing. Und Intel wirft noch Merged Reality in den Ring. Jeder Tech-Gigant versucht momentan also, seine Nische zu besetzen, um seine Produkte im Wettbewerb zu positionieren.

Holographic Computing

Es bleibt abzuwarten, welcher Begriff sich durchsetzt. Zurzeit scheint es so, als ob der Term Augmented Reality gewinnen würde. Schlussendlich wird es hauptsächlich davon abhängen, welche Technologie die Oberhand gewinnt – und das größte Stück des Kuchens für sich in Anspruch nimmt. Schon früher haben Firmen versucht, eigene Begriffe zu kreieren. Am Schluss entscheiden doch die Konsumenten. So nennen wir heute ja auch alle MP3-Player „iPods".

> **DAS WESENTLICHE KURZ ZUSAMMENGEFASST**
> - VR ersetzt die Realität durch eine virtuelle Welt.
> - AR ergänzt die Realität mit digitalen Objekten.
> - MR integriert digitale Objekte nahtlos in die Realität und lässt es so wirken, als wären sie wirklich da.

## 2. Definition aus Medien- und Kommunikationssicht

Die heutzutage gängigen Definitionen von AR und MR (Standarddefinitionen existieren bis dato nicht) weisen meist einen technischen Fokus auf – was nicht erstaunt, da der Ursprung der Technologien in der industriellen Sphäre liegt. Zudem sind sie sehr unterschiedlich und teils auch widersprüchlich.

*Definitionen*

Oftmals wird Augmented Reality dahingehend beschrieben, dass sie die real existierende Welt mit zusätzlichen digitalen Elementen anreichert. Genau genommen ist das aber nicht ganz korrekt. Denn nicht die „wirkliche Realität" wird angereichert, sondern das Abbild der Umgebung des Benutzers, welches mithilfe von Medien-Technologie erzeugt wurde. Die Anreicherung besteht also eigentlich darin, dass virtuelle Elemente in einen von der Kamera aufgezeichneten Livestream integriert werden, als ob es reale Objekte in der realen Umgebung wären. Augmented Reality beschreibt also eher die Illusion, welche durch die Anwendung der Technologie erzeugt wird.[3]

*Livestream*

Die mittlerweile am häufigsten verwendete Definition zu AR stammt von Azuma:

> „AR is about augmenting the real world environment with virtual information by improving people's senses and skills. AR mixes virtual characters with the actual world."[4]

Azumas Definition beschreibt folgende zugrunde liegende Charakteristika:

> **DEFINITION AUS TECHNISCHER SICHT**
> - Kombination von virtueller Realität und realer Umwelt mit teilweiser Überlagerung
> - Interaktion in Echtzeit
> - dreidimensionaler Bezug von virtuellen und realen Objekten

**Augmented und Mixed Reality – was ist das?**

Problematisch an dieser Definition ist, dass sie sich im Wesentlichen auf technische Merkmale konzentriert. So wird AR hauptsächlich von der Entwicklerseite aus betrachtet. Den Anwendungsaspekten der Technologie hingegen wird kaum Rechnung getragen.[5]

Eine Definition von AR/MR mit Fokus auf der Anwenderseite/Kommunikationsaspekten existiert bislang nicht.

Von der Benutzerseite aus betrachtet, kann AR definiert werden als Realitätswahrnehmung, die mit virtuellen Elementen erweitert wird.[6] Bei MR kommt noch der Aspekt der nahtlosen Integration derselben hinzu.

Bei der Analyse von Produktbeschreibungen bekannter Technologiehersteller zeigt sich ein ähnliches Verständnis von AR im Medien- und Kommunikationsbereich: die Verknüpfung der realen Medienumwelt mit digitalen Inhalten.

*crossmedial Kommunikationskanäle*

Ziel dieser crossmedialen Verzahnung von Kommunikationskanälen ist eine stärkere Aktivierung und Emotionalisierung der Rezipienten und – als Folge davon – eine Steigerung der Verweildauer. Denn indem man den Organismus aktiviert, wird dieser mit Energie versorgt und in einen Zustand der Leistungsbereitschaft versetzt. So kann beispielsweise durch eine aktivierende Mediengestaltung die Betrachtungszeit von Medien um nahezu 100 Prozent gesteigert werden.[7]

Zusammengefasst könnte eine Definition aus Medien- und Kommunikationssicht also folgendermaßen lauten:

### DEFINITION AUS MEDIEN- UND KOMMUNIKATIONSSICHT

Augmented und Mixed Reality erweitern die Realität sowie bestehende Medien mit virtuellen Objekten, digitalen Inhalten und kontextbezogenen Informationen – mit dem Ziel, Inhalte und Informationen in unserer realen Umgebung visuell verfügbar zu machen, Interaktion zu schaffen und die aktive Wahrnehmung bei gesteigerter Verweildauer zu fördern.

### 3. AR im engeren und weiteren Sinne

Neben dem Einsatz virtueller Elemente und Informationen gibt es weitere Verknüpfungen und Objekte, die vor allem in der Praxis dem Begriff *Augmented Reality* zugeordnet werden. Das bekannteste Beispiel dafür ist der sogenannte QR-Code.

*QR-Code*

## AR im engeren und weiteren Sinne

Abb. 6:
QR-Code zum YouTube-Channel Praxishandbuch Augmented Reality
Quelle: Eigene Abbildung (2017)

QR steht für Quick Response (aus dem Englischen übersetzt: „schnelle Antwort") und wurde 1994 von der japanischen Firma Denso Wave entwickelt.[8]

Es handelt sich dabei um einen zweidimensionalen Code, der mithilfe eines speziellen Scanners gelesen werden kann, um die darin enthaltenen Informationen verfügbar zu machen. Wollen Sie Ihr Smartphone als QR-Code-Scanner benutzen, benötigen Sie dafür eine sogenannte Reader- oder Scannersoftware, die man als App (für iOS oder Android) herunterladen kann (beispielsweise Quick Scan von iHandy Inc. oder i-nigma von 3GVision).

Ein QR-Code „verlinkt" also von einem bestehenden Medium (beispielsweise einer Anzeige in einer Printbroschüre) zu erweiterten Inhalten (Website des Unternehmens, Preistabelle zum Produkt etc.). Allein von seiner Verknüpfungsfunktion her betrachtet, könnte ein QR-Code daher zu Augmented Reality gezählt werden. Jedoch stellen weder der QR-Code selbst noch die Erweiterung bzw. die Verknüpfung mit Inhalten wie Video, Text, Zusatzinformationen oder Website-Verlinkungen virtuelle Objekte dar.[5]

Mehler-Bicher et al. teilen Augmented Reality deshalb in zwei Bereiche auf:

Virtuelle, dreidimensionale Objekte, welche die reale Umwelt überlagern, können zu **Augmented Reality im engeren Sinne** gezählt werden. Zweidimensionale Inhalte ohne Überlagerung mit der Umwelt hingegen sind bei **Augmented Reality im weiteren Sinne** anzusiedeln.[5]

Lupenreine AR oder doch nicht ganz: Wenn wir gerade bei dieser Debatte sind, bietet sich ein kleiner Exkurs zu dem Ereignis an, dass Augmented Reality innerhalb weniger Tage zu einem enormen Bekanntheitsschub verhalf. Alle haben auf den Durchbruch für die Technologie gewartet – und dann sah dieser irgendwie doch ganz anders aus als erwartet.

Pokémon Go – kein futuristisches Headset, kein Hightech, sondern ein kostenloses Game für Mobilgeräte – wer hätte damit gerechnet? (Offensichtlich nicht einmal die Entwickler bei Niantic, deren Server dem Ansturm beim Launch nicht standhalten konnten.)[9]

Pokémon Go

### Augmented und Mixed Reality – was ist das?

Abb. 7:
Pokémon Go
Quelle: Niantic, Inc.

Die Ironie des Ganzen: Das als AR-Game gehypte Blockbuster-Game, welches Augmented Reality erst bei einer breiten Masse bekannt gemacht hat, würden Puristen gar nicht als Augmented Reality durchgehen lassen. Sie sind der Meinung, dass es nicht ausreiche, einfach nur digitale Charaktere auf einem Screen zu platzieren – basierend auf dem Ort, an dem sich ein Spieler befindet. Für sie ist Pokémon Go daher nur eine Form von ortsbasiertem Entertainment.[10] Nun – es mag vielleicht nicht den Ansprüchen einiger Branchenexperten entsprechen. Aber genau da liegt der zentrale Punkt. Es geht hier nicht mehr um einige Branchen-Experten – sondern um die öffentliche Wahrnehmung. Und für die Öffentlichkeit ist Pokémon Go nun einmal Augmented Reality.[9] Im Endeffekt spielt es ja auch keine Rolle, wie man es nennt. Den Leuten macht es Spaß und das ist doch die Hauptsache.

## 4. Wie alles begann

Im Folgenden werden einige der wichtigsten Ereignisse in der Entwicklung von Augmented und Mixed Reality aufgezeigt. Wo genau damit begonnen werden soll, ist allerdings nicht ganz einfach. Denn in der Literatur gibt es unterschiedliche Auffassungen davon, wann die technologische Entstehung anzusetzen ist.

Häufig genannt wird beispielsweise die Entwicklung des Simulators *Sensorama*, der zwischen 1957 und 1962 von Morton Heilig erbaut und zum Patent angemeldet wurde. Heilig war überzeugt, dass Kino unter Einbezug sämtlicher Sinne so weiterentwickelt werden kann, dass der Zuschauer in die Aktion auf dem Bildschirm hineingezogen wird. Diese Vision beschrieb er in *The cinema of the future*.[11]

Sensorama

Der von ihm konzipierte Prototyp setzte dann auch visuelle Effekte, Ton, Geruch und Vibration ein.

Abb. 8:
Sensorama
Quelle: Morton Heilig (1962)

Andere nennen Ivan Sutherlands Papier *The Ultimate Display* aus dem Jahre 1965 und das im Anschluss von ihm entworfene Head-mounted Display als die Entstehung von AR. Das *Sword of Damocles*, wie Sutherland seinen Prototypen nannte, ermöglichte dem Benutzer ein immersives Erleben einer computergenerierten virtuellen 3D-Welt. Allerdings war das Gerät so schwer, dass es zusätzlich an der Raumdecke befestigt werden musste.[12]

Head-mounted Display
Sword of Damocles

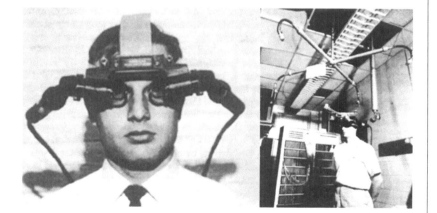

1975 erschuf Myron Krueger *Videoplace* – ein Raum, in dem der Benutzer zum ersten Mal mit virtuellen Objekten interagieren konnte.[13]

Abb. 9:
The Sword of Damocles
Quelle: Ivan Sutherland (1968)

## Augmented und Mixed Reality – was ist das?

1992 prägten Tom Caudell und David Mizell den Begriff *Augmented Reality*, als sie für Boeing ein System zur Informationsbereitstellung bei Kabelverlegungsarbeiten in Flugzeugen entwickelten.[14]

Im selben Jahr entwarf Louis Barry Rosenberg in den U. S. Air Force Armstrong Labs *Virtual Fixtures* – eines der ersten funktionierenden Augmented-Reality-Systeme.[15]

1994 setzten sich Paul Milgram und Fumio Kishino in ihrer Abhandlung *Taxonomy of Mixed Reality Visual Displays* mit dem sogenannten Realitäts-Virtualitäts-Kontinuum auseinander (→ Kapitel 1, S. 20).[16]

1995 entwickelte Jun Rekimoto einen AR-Prototypen namens *Navi Cam* und trieb die Idee eines 2D-Matrix-Markers weiter voran. Dieser Marker-Typ wurde zu einem der ersten Marker-Systeme, welches der Kamera sechs Freiheitsgrade erlaubte und auch heute noch verwendet wird.[17]

1997 schrieb Ronald Azuma die erste Untersuchung zu AR und entwickelte die heute weitverbreitete Definition von AR (→ Kapitel 1, S. 25).

1999 entwickelte Hirokazu Kato das *ARToolKit* und entließ es in die Open-Source-Gemeinschaft. Mithilfe des Tools war es erstmals möglich, in einem Livestream der realen Umwelt mit virtuellen Objekten zu interagieren. Daraufhin wurden in den folgenden Jahren mehr und mehr Anwendungen entwickelt.

Nachdem Augmented Reality zuerst vor allem im Technologie- und Industriesektor eingesetzt wurde, hat die rasante Weiterentwicklung der Technologie – insbesondere von Mobilgeräten – auch den Einsatz im Kommunikations- und Entertainmentbereich beschleunigt.

Den endgültigen Durchbruch für Augmented Reality sahen viele gekommen, als Google 2012 das Konzept für *Google Glass* präsentierte. Das Device sieht aus wie eine normale Brille – kann aber digitale Inhalte mit einem Prisma auf einem der beiden Gläser darstellen (darum Glass und nicht Glasses).

Google Glass

 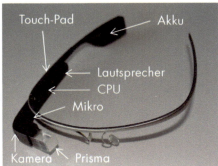

Abb. 10 & 11:
Google Glas für kontextbezogene Informationen
Quelle: Eigene Abbildung (2015)

Auf einem kleinen Bildschirm vor dem rechten Auge kann sich der Träger also Informationen aus dem Internet anzeigen lassen (Routeninformationen, Antworten auf Suchanfragen, Nachrichten, Kochrezepte etc). Als Eingabemedium stehen ein Touch-Pad (auf der rechten Seite der Brille) sowie ein Mikrofon (für Sprachbefehle) zur Verfügung. Auf Kommando („Take a picture", „Record a video") nimmt die integrierte Kamera Fotos und Videos auf, die sich dann wiederum direkt auf Sozialen Netzwerken teilen lassen. Das Gerät wird per Bluetooth-Tethering mit dem Smartphone verbunden, von wo aus es die Informationen der installierten Apps erhält. Die Tonausgabe erfolgt über einen Knochenlautsprecher, der den Ton per Vibration zum Ohr des Nutzers überträgt.

Die Meinungen hinsichtlich Google Glass gingen stark auseinander. Einige legten große Erwartungen in die Entwicklung und schrieben ihr das Potenzial zu, unser Leben in Zukunft stark zu prägen. Andere kritisierten das Gerät heftig hinsichtlich der potenziellen Konsequenzen. So befürchteten viele, dass die Technologie für Spionagezwecke missbraucht werden könnte, weil das aufgenommene Material auf den Servern von Google landet.

Im Januar 2015 war klar, dass Google Glass die hohen Erwartungen nicht erfüllt hatte. Der Verkauf wurde eingestellt und der Google-Finanzvorstand Patrick Pichette bezeichnete Google Glas als einen Flop.[18]

Auch wenn der Konsumermarkt offensichtlich noch nicht bereit war für das Device – zumindest in der Industrie sieht es für Google Glass sehr gut aus. So leistet das Gerät beispielsweise Arbeitern in der Fertigung und der Produktion nützliche Dienste, weil sie sich Anleitungen direkt vors Auge projizieren lassen können, statt zahlreiche Handbücher mitschleppen zu müssen.[19] Mittlerweile wurde bekannt, dass die Google Glass in einer Enterprise-Version für Industrieanwendungen zurückkommen soll.

In den letzten zwei bis drei Jahren nahm dann das Thema Augmented und Mixed Reality so richtig an Fahrt auf. Mehrere große Player witterten das riesige Marktpotenzial und liefern sich nun ein erbittertes Kopf-an-Kopf-Rennen. Ein neues Zeitalter für AR/MR-Headsets ist angebrochen und die Medien überschlagen sich praktisch mit Ankündigungen für „the next big thing". Überdies ist die wachsende Bekanntheit von Augmented Reality (wir sind vorher schon kurz darauf eingegangen, dass in den Medien praktisch alles unter diesem Oberbegriff abgehandelt wird) dem durchschlagenden Erfolg des Games *Pokémon Go* zu verdanken (→ Kapitel 1, S. 28). Weltweit haben es hunderte von Millionen Menschen selber gespielt oder schauten amüsiert anderen zu, wie sie die kleinen Kerlchen jagten und lasen in den Medien über das Blockbuster-Spiel. Plötzlich war AR nicht mehr länger nur etwas für Branchen-Insider und Early Adopters. In weniger als einer Woche wurde es zu einem regelrechten Mainstream-Phänomen.[20]

Im Mai 2013 startete die im Silicon Valley angesiedelte Firma Meta auf Kickstarter eine Crowdfunding-Kampagne für eine „most advanced" AR-Brille. Mit den gesammelten 194.000 Dollar wurde die angestrebte

**Augmented und Mixed Reality – was ist das?**

*Meta One*

Zielsumme fast um das Doppelte überschritten.[21] Im Herbst 2014 wurde das *Meta One Developer Kit* auf der TechCrunch Disrupt in San Francisco präsentiert.

*Project Tango*

Im Frühjahr 2014 kündigte Google *Project Tango* an – eine AR-Plattform, die zum Ziel hat, Mobilgeräte zu befähigen, ihre Position in Bezug zur Umwelt ohne die Verwendung von GPS und anderen externen Signalen zu ermitteln. Das Development Kit in Form eines Tablets wurde im Mai 2015 freigegeben.

Was Mixed Reality betrifft, ist Microsoft momentan einer der größten Player. Anfang 2015 präsentierte das Unternehmen während der Windows 10 Präsentation ganz unerwartet ein Mixed-Reality-Headset – die *HoloLens* (→ Kapitel 2, S. 57). Ende März 2016 lieferte Microsoft eine *Development Edition* an erste Entwickler in den Staaten und Kanada aus – ab Oktober 2016 kamen dann auch Entwickler in anderen Ländern zum Zug. Kostenpunkt: rund 3.000 US-Dollar. Bis die HoloLens massentauglich ist, könnte es allerdings noch bis 2019 dauern, schätzen Experten.

*HoloLens*

*Meta 2*

Ende 2016 wurde die *Meta 2* an Entwickler ausgeliefert – mit 949 US-Dollar zu einem wesentlich günstigeren Preis als die HoloLens.

*Magic Leap*

Auch das geheimnisumwobene Start-up *Magic Leap* tüftelt seit einigen Jahren an einer Mixed-Reality-Brille. Die Investoren, darunter Google, die chinesische Alibaba Group und Andreessen Horowitz, haben bis heute insgesamt 1,5 Milliarden US-Dollar investiert. Ähnlich wie die Microsoft HoloLens setzt auch Magic Leap auf Lichtfeld-Technologie. Anders als bei Microsoft will das Start-up aus Fort Lauterdale mit seinen mittlerweile 1.200 Mitarbeitern die digitalen Inhalte direkt ins Auge projizieren, um eine realistischere Darstellung der Objekte zu erreichen. Je realer die virtuellen Elemente wirken, desto besser lässt sich das Ziel der Mixed Reality erreichen: beide Welten miteinander zu verschmelzen. Nach aktuellen Informationen will Magic Leap noch 2017 eine erste Version der Brille veröffentlichen. Nun erhält die Firma mit Sitz in Florida Unterstützung aus der Schweiz – und zwar von Dacuda, einem Spin-off der Eidgenössischen Technischen Hochschule (ETH) in Zürich. Wie genau Magic Leap die Algorithmen von Dacuda nutzt, ist nicht bekannt, aber es kann davon ausgegangen werden, dass die Technologie des Schweizer 3D-Spezialisten für 2D- und 3D-Raumerfassung in der Mixed-Reality-Brille genutzt werden wird.

*Project Alloy*

Auch Intel ist auf den Zug aufgesprungen mit *Project Alloy*, welches im Sommer 2016 auf dem Intel Developer Forum in San Francisco vorgestellt wurde. Das „Merged Reality"-Headset – wie es das Unternehmen nennt – ähnelt der Samsung Gear VR, hat aber Bewegungssensoren und Kameras integriert, um reale und virtuelle Elemente miteinander zu verschmelzen.[22]

Verschiedene Patentanmeldungen zeigen bereits, dass sich auch Apple schon seit einiger Zeit mit Virtual und Augmented Reality-Technologie auseinandersetzt. Nachdem das Unternehmen sein VR/AR-Recruiting substanziell hochgefahren und auch einige AR/VR-Firmen (Metaio, PrimeSense) erworben hat, war klar, dass man in Cupertino etwas im Schilde führt. Die Gerüchteküche brodelte heftig. Apple-CEO Tim Cook betonte regelmäßig, dass Apple große Pläne mit Augmented Reality hat. In einem Interview mit der Onlinezeitung *The Independent* verriet er:

Apple

> „I regard it as a big idea like the smartphone. The smartphone is for everyone, we don't have to think the iPhone is about a certain demographic, or country or vertical market: it's for everyone. I think AR is that big, it's huge. I get excited because of the things that could be done that could improve a lot of lives. And be entertaining. I view AR like I view the silicon here in my iPhone, it's not a product per se, it's a core technology."[23]

Im Juni 2017 war es dann soweit: Im Rahmen der WWDC-Konferenz präsentierte Apple das ARKit. Ein Software Development Kit, das Entwicklern erlaubt, AR-Anwendungen für iPhone und iPad zu erstellen. Mobile first also auch hier – Apple setzt kurzfristig auf Mobilgeräte. Zu der von vielen erwarteten AR-/MR-Brille sagte Apple nichts. Die gezeigten Inhalte des AR-Kit und vor allem IKEA als einer der ersten Partner zeigt die Entwicklungen der ehemaligen Metaio-Mitarbeiter.

Abb. 12:
Location-based Content auf dem iPhone
Quelle: Dan Talmon/
Twitter (2017)

Facebook hatte sich mit dem Kauf des VR-Headset-Herstellers Oculus bislang auf Virtual Reality konzentriert – auch wenn Mark Zuckerberg bereits vor zwei Jahren Augmented Reality als Plattform der Zukunft bezeichnet hat. Facebook hat die Zeit genutzt, wie man auf der eigenen Konferenz F8 im April 2017 sah. Während der verschiedenen Keynotes wurde klar, dass Facebook Ernst macht: mit der Vorstellung der *Camera Effects Developer Platform*. Damit können Entwickler die Kameras verschiedener Geräte nutzen, um AR-Filter und -masken zu schaffen. Kennt man schon von Snap und anderen Apps? Stimmt. Bei Facebook geht es allerdings weniger um die eine Effekt-App, sondern um eine Content-Plattform für Augmented Reality auf aktuellen Geräten – und später auf AR-Brillen. Das AR-Studio von Facebook erlaubt die genaue Positionserkennung, Objekt-Tracking und Tiefeninformationen. Dadurch kann beispielsweise eine Tasse erkannt werden und die gewünschten Filter und Effekte lassen sich lage- und maßstabsgerecht einblenden. Das unterscheidet das Facebook-Tool von Snap und Pokémon, wo keine Objekte erkannt werden.

## 5. Mehr echter Mehrwert – weniger „Gimmick"

2015 stellte der geringe Wissensstand und der dadurch resultierende Erklärungsbedarf der Technologie ein großes Hindernis in Bezug auf Augmented Reality dar – von Mixed Reality war da noch keine Rede. Unternehmen und Agenturen, die AR-Lösungen anboten, mussten erst sehr viel Aufklärungsarbeit leisten – zum einen bei den Nutzern, zum anderen bei den Unternehmen. Die Menschen konnten mit dem neuen Visualisierungsmedium (denn im Endeffekt ist AR nichts anderes als das) noch nicht viel anfangen. Mit der wachsenden Bekanntheit von Augmented Reality ist das deutlich einfacher geworden. Dennoch: AR hat sich noch nicht so sehr in unseren Alltag integriert, dass man von Leuten erwarten kann, dass sie automatisch ihr Smartphone oder Tablet zücken und auf irgendeinen Gegenstand richten – in der Erwartung, dass sie dann mit Zusatzinformationen versorgt werden oder sonst einen Nutzen daraus ziehen.

Die beste Anwendung wird nicht genutzt, wenn man den Benutzern nicht erklärt, wo und wie sie diese verwenden sollen (zumindest bis Augmented und Mixed Reality in unseren Alltag integriert sind). Eine genaue Instruktion ist also zwingend. Und genau da hapert es oft in der Umsetzung.

Im Industriesektor wird Augmented Reality bereits seit Jahren erfolgreich eingesetzt. Die Technologie besitzt dort dementsprechend einen guten Ruf. Das liegt vor allem daran, dass die AR-Anwendungen, welche in der Industrie in der gesamten Wertschöpfungskette (vom Prototypenbau über die Produktion bis zum Aftersales) eingesetzt werden, meist einen klar erkennbaren Nutzen aufweisen.

Ein (noch) nicht ganz so positives Image kann AR im Kommunikationsbereich für sich in Anspruch nehmen. Das liegt wohl hauptsächlich daran, dass die Technologie – insbesondere für Marketingzwecke – häufig für Apps verwendet wurde, die nur auf einen kurzfristigen Wow-Effekt setzen und deren Macher das Potenzial von AR nicht richtig erkannten. Diese Tendenz hat die positive Entwicklung von AR lange Zeit behindert. Denn es führte dazu, dass die Technologie gleichgesetzt wurde mit „Gimmick" – einem Werbegag ohne konkreten Mehrwert für den Benutzer.

*Gimmick*

Eine App, die einzig dafür designt wurde, dass bei Gebrauch irgendetwas herauspoppt – beispielsweise ein 3D-Model eines tanzenden Nilpferds – mag bei einem Benutzer, der zum ersten Mal überhaupt mit AR in Berührung kommt, noch Staunen und Begeisterung auslösen. Aber bald schon gab es zuviele solcher Anwendungen, als dass man als Unternehmen allein noch auf den besagten Wow-Effekt setzen konnte. Um das wahre Potenzial von AR/MR auszuschöpfen, sollte man sich mit ihren Stärken und Schwächen auseinandersetzen und wissen, worauf man beim Einsatz achten muss (→ Kapitel 5, S. 130).

Bislang war der Ansatz meist: „Wir müssen eine AR-App machen." Mittlerweile realisieren die Unternehmen jedoch, dass es nicht immer eine komplette App sein muss, sondern dass einzelne AR-Features in einer App das bessere Konzept sind. Bei Pokémon können User eine AR-Ansicht haben oder auf eine reguläre Kartenansicht umschalten – abhängig davon, was sie gerade nutzen möchten. Snap hat bei der Einführung ihrer Spectacles-Brillen erst gar nicht von Augmented Reality gesprochen. Die AR-Sonnenbrillen nehmen kurze Videos auf, die sich dann mit virtuellen Objekten erweitern lassen. Das sind nur zwei Beispiele, die zeigen, wo die Reise hingeht. Augmented und Mixed Reality integrieren sich in andere Medien und Kanäle – im nächsten Schritt werden wir die Konvergenz mit anderen Technologien erleben.

## 6. Anwendungsfelder – heute und morgen

In den letzten Jahren sind Augmented und Mixed Reality aus den Untersuchungslabors auf den Markt gewandert. Mittlerweile finden sich Anwendungen in sehr vielen Wirtschaftszweigen (→ Abb. 13). Im Folgenden wollen wir aufzeigen, wo AR/MR bereits jetzt Teil unserer Welt sind – und wie sie unseren Alltag schon bald massgeblich prägen könnten. Keine Angst: Wie versprochen gehen wir im → Kapitel 4 noch vertieft auf diverse Anwendungsbeispiele ein.

**Augmented und Mixed Reality – was ist das?**

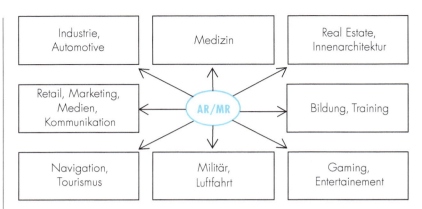

Abb. 13:
Anwendungsfelder von Augmented und Mixed Reality (2017)
Quelle: Eigene Darstellung

## Wie wir unseren Alltag bestreiten

Wenn nicht nur Menschen, sondern auch alltägliche Gebrauchsgegenstände, Geräte und Maschinen online gehen und sich miteinander vernetzen, bewegen wir uns mitten im Zeitalter des *Internet of Things (IoT)*. Wohin wir uns entwickeln, zeigt der Kurzfilm *Sight*.

Internet of Things

Abb. 14:
Sight – ein futuristischer Kurzfilm
Quelle: Eran May-Raz und und Daniel Lazo

Wir stehen morgens auf, gehen zum Fenster, auf welchem uns ein Hologramm den heutigen Wetterbericht anzeigt. Der Badezimmerspiegel informiert uns während des Zähneputzens über die allgemeine Nachrichtenlage und unseren geplanten Tagesablauf. Wir gehen zum Kleiderschrank und probieren virtuell verschiedene Outfits an, bis wir mit der Auswahl zufrieden sind … Sie haben das Prinzip sicher verstanden. Sie mögen jetzt denken, dass sich diese Art Welt irgendwo in sehr, sehr weiter Zukunft befindet. Wer Einblicke in die Tech-Industrie hat, weiß aber: Wir sind näher dran, als man glaubt. Selbstfahrende Autos, die permanent den aktuellen Standort abfragen und mit anderen Fahrzeugen kommunizieren, um Unfälle zu verhindern? Realität. Ein Kühlschrank, der merkt, wenn die Milch alle ist und automatisch eine Bestellung an den Lieferdienst sendet? Realität.

## Wie wir einkaufen

Augmented und Mixed Reality sind wichtige Visualisierungsinstrumente im Internet of Things. Ein Beispiel: Sicher haben Sie sich auch schon darüber geärgert, dass eine Verpackung nicht geöffnet werden darf und Sie trotzdem wissen wollten, wie das darin enthaltene Produkt wirklich aussieht. Lego hat schon vor Jahren gezeigt, wie das heute funktioniert: Packung vor die Kamera halten und auf dem Bildschirm erscheint das Modell in 3D.

Heute shoppen wir bei Onlinehändlern wie Amazon und Zalando. Das Geschäft boomt – nur plagen die Anbieter die immensen Rücksendequoten. Mittlerweile gibt es daher schon einige sogenannter „Virtual Try-on"-Lösungen. Virtuelle Spiegel helfen dabei, das passende Outfit zu finden. Bestellungen in zig Farben und Größen können so reduziert werden und somit auch die Kosten für Rücksendungen.

In Shops lässt sich Augmented und Mixed Reality mit Beacons verbinden – kleinen Bluetooth-Sendern. Sobald ich mein Smartphone beispielsweise auf einen Sneaker halte, sehe ich, in welchen Farbkombinationen und Größen der Schuh verfügbar ist. Beim Autohändler scanne ich ein Auto und kann Farbe, Innenraum und selbst die Sitzkonfiguartion ändern. Läden bietet sich also die Möglichkeit, das komplette Sortiment zu zeigen, was meist aufgrund von Platzmangel nicht möglich ist.

## Wie wir lernen

Mit AR/MR erhält Lernen eine neue Dimension. Beispielsweise können Besucher von Galerien, Museen oder historischen Plätzen diese ganz anders entdecken – indem sie zu Exponaten oder der Lokalität spannende Hintergrundinformationen in Form digitaler Inhalte wie Video- oder Audiobeiträge, Infografiken etc. abrufen können (vgl. Gallery One → Kapitel 4, S. 97).

### Augmented und Mixed Reality – was ist das?

Aber auch im Unterricht selber bieten sich neue, spannende Möglichkeiten. Den menschlichen Körper in 3D entdecken, einzelne Körperteile isoliert betrachten, Zusammenhänge nachvollziehen – das ist nur ein Beispiel. Wer sich ein wenig mit Lernpsychologie befasst hat, weiß: Was selber erlebt wird, prägt sich besser ein. Ein aktives Auseinandersetzen mit Lerninhalten, das gleichzeitig Spaß macht – durch AR/MR wird es möglich.

## Wie wir arbeiten

Aktuell profitiert kein anderer Bereich mehr als der berufliche durch die Art und Weise, wie wir im Alltag unterstützt werden.

### Industrie

In der Industrie wird AR seit Langem und Mixed Reality seit der HoloLens in unterschiedlichen Feldern eingesetzt. Dazu gehören unter anderem die Bereiche Reparatur und Wartung, Konstruktion, Forschung und Anlagenbau. Insbesondere bei trainingsintensiven Arbeiten wie in der Flugzeug- oder Prozessindustrie können Mitarbeiter zudem mittels AR/MR-Technologie geschult werden.

Lange Stillstandzeiten von Produktionsanlagen etc. produzieren hohe Kosten. Daher nimmt die schnelle und genaue Lokalisierung und Beseitigung von Fehlerquellen einen hohen Stellenwert ein. Für viele Arbeiten ist es nötig, dass Techniker und Bediener von Maschinen möglichst frei über ihre Hände verfügen können. Das ständige Herumblättern in irgendwelchen Handbüchern und Gebrauchsanleitungen erweist sich daher als äußerst unpraktisch. AR/MR in Verbindung mit einer Datenbrille ermöglicht es, dem Techniker Bau-, Lage- oder Schaltpläne, Wartungsanweisungen etc. bereitzustellen – wann und wo er sie braucht. Interagiert wird über Sprache oder via Gestik, die Hände bleiben also frei.

Prototypen zu bauen, kann sehr teuer werden. Oftmals fließen vor der Kommerzialisierung große Summen an Geld und Zeit in die Herstellung eines Produktes. Durch AR/MR-Technologie können diese Kosten deutlich gesenkt werden, indem sie Ingenieuren dabei hilft, das Design und die Funktionsweise eines Produktes bereits vor der Fertigstellung zu erleben. So können verschiedene Formen, Designs, Farben etc. verändert werden, ohne jeweils ein neues Modell anfertigen zu müssen. Ingenieure erhalten ein äußerst praktisches Tool zur Visualisierung ihrer Entwicklung.

Bei der manuellen Fertigung unterstützen AR und MR ebenfalls. So zeigen millimetergenau positionierte Einblendungen dem Mitarbeiter die nächsten Arbeitsschritte und vermeiden fehlerhafte Platzierungen und damit unnötigen Ausschuss. Aber auch bei der Produktions- und Anlagenplanung wird AR häufig eingesetzt, da sich Maschinen lagegerecht in die reale Umgebung einblenden und Materialflüsse simulieren lassen.

## Medizin

Der medizinische Bereich ist ebenfalls ein weiteres wichtiges Anwendungsfeld. Medical-Augmented-Reality-Systeme werden in verschiedenen Bereichen eingesetzt: bei der Ausbildung von medizinischem Personal, der OP-Planung (Visualisierung) oder während der Operation selber (insbesondere bei minimal-invasiven Eingriffen).

Mithilfe von Simulatoren können beispielsweise Medizinstudenten in einem realistischen AR-Operationsraum praktische Übung erlangen und Feedback dazu erhalten – ohne dabei reale Patienten zu gefährden.

Die Einblendung grafischer Scans und Hilfestellungen ins Blickfeld des Chirurgen ermöglicht es diesem, seinen Blick während des Eingriffes permanent auf den Patienten zu richten, anstatt zwischendurch auf einen Monitor schauen zu müssen.

Aber auch außerhalb des Operationssaals finden sich interessante Einsatzmöglichkeiten. Es wurden bereits Versuchsreihen durchgeführt, um mittels Augmented Reality Psychosen oder Phobien (Klaustrophobie, Arachnophobie etc.) zu behandeln. So wurde beispielsweise ein AR-System für die Behandlung einer Spinnen- und Küchenschabenphobie entwickelt. Die Erfolge waren faszinierend. Nach einer nur 60-minütigen Session mit dem System konnten die Versuchspersonen mit realen Insekten interagieren.[24]

## Real Estate und Innenarchitektur

Im Architektur-/Innenarchitekturbereich besteht oft das Bedürfnis, den Kunden einen Eindruck des geplanten Bau- oder Umbauprojektes zu vermitteln. Mittlerweile erfolgt dies oft mittels 3D-Präsentationen. Kombiniert man das nun mit Augmented Reality, wird eine Visualisierung für den Kunden noch besser nachvollziehbar. Das virtuelle Haus kann beispielsweise bereits in die reale Umgebung eingeblendet werden, damit der Kunde sieht, wie seine Immobilie auf dem Grundstück und in Bezug zu den Nachbarhäusern wirkt. Wenn man das Smartphone auf den in der Broschüre abgedruckten Grundriss hält, kann man die Räume entdecken etc.

## Militär/Luftfahrt

Im militärischen Bereich stieß der Einsatz von Augmented Reality schon früh auf großes Interesse. Denn dadurch können sowohl Risiken für Soldaten reduziert als auch Material eingespart werden. Head-up und Helmet-mounted (am Helm fixierte) Displays werden bereits seit vielen Jahren eingesetzt. Insbesondere die Entwicklung von HMDs (von Sutherland initiiert → Kapitel 1, S. 29) wurde maßgeblich von internationalen Militäreinrichtungen vorangetrieben und weiterentwickelt.

AR wird sowohl bei Simulationssystemen von Trainingseinheiten eingesetzt, um kostenschonend realitätsnahe Übungen zu absolvieren, als auch zur Unterstützung beim realen Kampfeinsatz. Ein Beispiel: Informationssysteme, welche in Kampfjets und Hubschraubern eine erweiterte Sicht ermöglichen. Ins Sichtfeld des Piloten werden neben der realen Umgebung zusätzliche Informationen (Radarinformationen, künstliche Horizontlinien, Flugzeugzustandsmeldungen, Messwerte beim Kampfeinsatz etc.) eingeblendet und so verhindert, dass dieser seinen Blick während eines Manövers abwenden muss.

Das gleiche Prinzip weist auch in der zivilen und privaten Luftfahrt großes Potenzial auf. Denn durch die erweiterte Darstellung von Informationen mittels AR-Systemen kann – insbesondere bei schlechter Witterung und Sicht – die Sicherheit und Effizienz von Piloten maßgeblich gesteigert werden.

## Wie wir Freizeit und Entertainment genießen

### TV

In der Unterhaltungsindustrie wird Augmented Reality bereits seit Langem bei TV-Übertragungen eingesetzt. So werden bei Fußballübertragungen Bewegungsabläufe oder Spielzüge als bewegte Linien dargestellt, um beispielsweise die Laufwege der Spieler zu verdeutlichen, um beim Skispringen die aktuelle Bestweite als Linie einzublenden etc. Zudem setzen einige TV-Sender AR auch für Studioübertragungen ein. Neben dem Moderator werden virtuelle Elemente eingeblendet, um komplexe Sachverhalte oder Größenverhältnisse usw. zu visualisieren.

### Gaming

Grenzen herkömmlicher Computerspiele werden überwunden, denn wir sind nicht mehr länger auf den Bildschirm begrenzt.[25] Reale Orte und Objekte können in Games miteinbezogen und den Spielern eine reichere User Experience geboten werden. Dadurch, dass Mobilgeräte der neueren Generation über eine Kamera und verschiedene integrierte Sensoren verfügen, bringen sie bereits gute Voraussetzungen für den Einsatz bei AR- und MR-Games mit. Kein Wunder also, dass in diesem Bereich bereits zahlreiche Anwendungen auf dem Markt sind (vgl. Urban Hunt oder Pokémon → Kapitel 4).

Nun bricht gerade im Entertainment-Bereich eine neue Ära an. HoloLens, Meta 2, Magic Leap – Mixed Reality wird langsam Realität. Der springende Punkt liegt darin, handliche (und für den Massenmarkt erschwingliche) Geräte zu entwickeln, die in der Lage sind, massive Datenmengen zu übertragen, ohne dass es stockt und dadurch die User Experience beeinträchtigt wird. Hier werden sicher 5G-Netzwerke eine entscheidende Rolle spielen. Aber Experten schätzen, dass auch das nicht mehr allzu lange dauern wird.[26]

## Tourismus und Navigation

Nicht nur in der Luftfahrt, sondern auch im Straßenverkehr und in der Schifffahrt kann Augmented Reality die Effizienz von Navigationsgeräten steigern und wird dort bereits eingesetzt. So können Informationen wie Richtungsangaben, Geschwindigkeit, Gefahrenmeldungen etc. mittels HUD-Systemen direkt auf die Windschutzscheibe von Autos oder Schiffen projiziert werden.

Ein interessantes Feld stellen auch Mischformen von Navigations- und Tourismusanwendungen dar. Ob digitaler Stadtführer, mit dem sich Touristen Zusatzinformationen zu besonderen Plätzen oder Sehenswürdigkeiten auf dem Smartphone einblenden lassen können (z. B. der AR-Browser von Wikitude), oder Anwendungen, die einen bequem zur nächsten U-Bahn-Station navigieren – in den letzten Jahren ist hier eine kaum überschaubare Fülle von interessanten Anwendungen entstanden.

Insbesondere im Bereich der Rekonstruktion von historischen Stätten sind künftig äußerst spannende Anwendungen denkbar. Denn besucht man heute beispielsweise das Kolosseum in Rom, einen zerfallenen griechischen Tempel in Athen oder mittelalterliche Ruinen in Schottland, bekommt man an der Kasse meist nur einen verstaubten Audioguide angeboten. Langweilige und öde vorgetragene Monologe wecken aber keine Begeisterung für jahrhundertealte Bauten und Stätten. Was aber, wenn Besucher – mit irgendeiner Form von Datenbrille ausgerüstet – künftig sehen, hören und vielleicht sogar riechen könnten, wie sich das Leben damals abgespielt hat?

### LESETIPPS

- Scoble, Robert/Israel, Shel (2016): The Fourth Transformation, CreateSpace Independent Publishing Platform
- Azuma, Ronald T. (1997): A survey of Augmented Reality. In: Presence: Teleoperators and Virtual Environments Bd. 6
- Mehler-Bicher, Anett/Reiß, Michael/Steiger, Lothar (2011): Augmented Reality: Theorie und Praxis. Oldenbourg Verlag

**Augmented und Mixed Reality – was ist das?**

## Anmerkungen

1. Milgram, Paul/Takemura, Haruo/Utsumi, Akira u. a. (1994): Augmented Reality: A class of displays on the reality-virtuality continuum. In: Telemanipulator and Telepresence Technologies. Kyoto: ATR Communication Systems Research Laboratories.
2. www.giga.de (2015): Immersiv – Was heißt das eigentlich? Abgerufen am 04.02.2017 von: http://www.giga.de/extra/ratgeber/specials/immersiv-was-heisst-das-eigentlich-leicht-erklaert/
3. Blanken, Malte (2011): Mobile Augmented Reality: neue Möglichkeiten im Bereich der visuellen Kommunikation. Hochschule Osnabrück.
4. Azuma, Ronald T. (1997): A survey of Augmented Reality. In: Presence: Teleoperators and Virtual Environments Bd. 6, Nr. 4
5. Mehler-Bicher, Anett/Reiß, Michael/Steiger, Lothar (2011): Augmented Reality: Theorie und Praxis. Oldenbourg Verlag.
6. Kretzschmar, Oliver (2012): Treiber und Trends bei der IT-Unterstützung crossmedialer Konzepte. Abgerufen am 24.04.2017 https://www.hdm-stuttgart.de/science/medien_technik/view_beitrag?science_beitrag_ID=138
7. Kroeber-Riel, Werner/Esch, Franz-Rudolf (2011): Strategie und Technik der Werbung. Verhaltenswissenschaftliche und neurowissenschaftliche Erkenntnisse. 7. vollständig überarbeitete Auflage, Kohlhammer Verlag, Stuttgart.
8. qrcode.com (2010): History of QR Code. Abgerufen am 17.03.2017 von http://www.qrcode.com/en/history/
9. Techcrunch (2016): Pokémon Go changes everything (and nothing) for AR/VR. Abgerufen am 23.02.2017 von https://techcrunch.com/2016/08/12/pokemon-go-changes-everything-and-nothing-for-arvr/
10. Scientific American (2016): Is Pokémon GO really Augmented Reality? Abgerufen am 23.02.2017 von https://www.scientificamerican.com/article/is-pokemon-go-really-augmented-reality/
11. Heilig, Morton (1992): El cine del futuro: The cinema of the future. Espacios, nachgedruckt in Presence: Teleoperators and Virtual Environments, Bd. 1
12. Sutherland, Ivan E. (1968): A head-mounted three-dimensional display. Proceedings of the AFIPS Fall Joint Computer Conference (FJCC' 68).
13. Furth, Burko/Julie Carmigniani (2011): Augmented Reality. An overview. In: Handbook of Augmented Reality. Springer Science and Business Media, Heidelberg.
14. Caudell, Tom/Mizell, David (1992): Augmented Reality: An Application of Heads-Up Display Technology to Manual Manufacturing Processes, Proceedings of 1992 IEEE Hawaii International Conference on Systems Science.
15. Rosenberg, Louis Berry (1992): The Use of Virtual Fixtures As Perceptual Overlays to Enhance Operator Performance in Remote Environments. Technical Report AL-TR-0089. USAF Armstrong Laboratory. Wright-Patterson AFB OH.
16. Milgram, Paul/Kishino, Fumio (1994): Taxonomy of Mixed Reality Visual Displays. IEICE Transactions on Information and Systems. Abgerufen am 23.01.2017 von http://etclab.mie.utoronto.ca/people/paul_dir/IEICE94/ieice.html
17. Rekimoto, Jun (1995): A Magnifying Glass Approach to Augmented Reality Systems. Abgerufen am 30.02.2017 von http://citeseerx.ist.psu.edu/viewdoc/download?doi=10.1.1.50.5835&rep=rep1&type=pdf
18. Frankfurter Allgemeine Zeitung (2015): Google schwört Kostendisziplin. Konzern erklärt Datenbrille erstmals öffentlich zum Flop. In: Frankfurter Allgemeine Zeitung vom 31. Januar 2015, S. 25 (Ausgabe D1).

## Anmerkungen

[19] npr.org (2017): Google Glass Didn't Disappear. You Can Find It On The Factory Floor. Abgerufen am 19.04.2017 von http://www.npr.org/sections/alltechconsidered/2017/03/18/514299682/google-glass-didnt-disappear-you-can-find-it-on-the-factory-floor

[20] Techcrunch (2016): Pokémon Go changes everything (and nothing) for AR/VR. Abgerufen am 23.02.2017 von https://techcrunch.com/2016/08/12/pokemon-go-changes-everything-and-nothing-for-arvr/

[21] Kickstarter (2013): meta: The Most Advanced Augmented Reality Glasses. Abgerufen am 23. 04.2017 von https://www.kickstarter.com/projects/551975293/meta-the-most-advanced-augmented-reality-interface

[22] The Wall Street Journal (2016): Intel Working on Augmented-Reality Headset. Abgerufen am 23.02.2017 von https://www.wsj.com/articles/intel-working-on-augmented-reality-headset-1456954081

[23] The Independent (2017): Apple CEO Tim Cook: As Brexit hangs over UK, 'times are not really awful, there's some great things happening'. Aberufen am 27.03.2017 von http://www.independent.co.uk/life-style/gadgets-and-tech/features/apple-tim-cook-boss-brexit-uk-theresa-may-number-10-interview-ustwo-a7574086.html

[24] Juan, Carmen/Alcaniz, Maraino/Monserrat, Carlos/Botella, Christina/Banos, Rosa/Guerrero, Belen (2005): Using Augmented Reality to Treat Phobias. Erschienen in: Journal IEEE Computer Graphics and Applications archive, Vol. 25, No. 6

[25] Wetzel, Richard/Blum, Lisa/Broll, Wolfgang/Oppermann (2011): Designing Mobile Augmented Reality Games. In: Furth, Burko (2011): Handbook of Augmented Reality. Heidelberg, Springer Science and Business Media.

[26] Wired (2017): What is 5G and when will it launch? WIRED explain. Abgerufen am 27.3.2017 von http://www.wired.co.uk/article/5g-rollout-uk-global

# Kapitel 2
# Wie funktionieren Augmented und Mixed Reality?

> **UM DAS GEHT'S!**
>
> - Aus welchen Komponenten besteht ein AR-/MR-System?
> - Visuelles und nichtvisuelles Tracking: Was steckt dahinter?
> - Sensor Fusion: Wie lassen sich Sensoren in Mobilgeräten kombinieren?
> - Von Smartphones bis Magic Leap: Welche Anzeigegeräte gibt es für den Einsatz von AR und MR?
> - Software, App und Browser: Was ist der Unterschied?

## 1. Komponenten von AR- und MR-Systemen

Ein Augmented- oder Mixed-Reality-System besteht im Wesentlichen aus folgenden Komponenten[1]:
- Hardware: eine oder mehrere Kameras sowie Sensoren eines Mobilgeräts oder einer Augmented- oder Mixed-Reality-Brille
- Tracking-Software und Renderer für die Berechnung und Anzeige der korrekten Überlagerung sowie als Szenengenerator
- Anzeigegerät (z. B. Display eines Mobilgeräts, ein Head-mounted Display, ein Monitor), auf dem die virtuellen Objekte eingeblendet werden

Hardware

Und so funktioniert das Zusammenspiel der einzelnen Komponenten: Die reale Umgebung wird von der Kamera erfasst, welche einen Videostream aufnimmt. Eine spezielle Software muss nun erkennen, welche Funktion ausgeführt werden soll. Dazu müssen die Position und die Lage/Orientierung der Kamera und realer Objekte im dreidimensionalen Raum möglichst genau bestimmt und digital aufbereitet werden, damit die virtuellen Elemente an der richtigen Stelle eingeblendet werden. Diesen Vorgang bezeichnet man als „Tracking", der aus der Initialisierung der vorab definierten Marker/Objekte und der weiteren Ver-

Software

Tracking
Initialisierung

45

## Wie funktionieren Augmented und Mixed Reality?

Registrierung

folgung bzw. Erkennung besteht. Nun müssen die künstlichen virtuellen Inhalte korrekt in die Realität eingepasst und dafür gesorgt werden, dass diese dort fest verortet erscheinen. Dieser Prozess nennt sich „Registrierung" (oder genauer „geometrische Registrierung").[2]

Auf Basis der beim Tracking ermittelten Positions- und Lageschätzung wird hierfür das Koordinatensystem einzelner virtueller Inhalte und dasjenige des realen Raums miteinander in Beziehung gesetzt. Ist das erfolgt, werden die virtuellen Objekte (oder die Verknüpfung digitaler Inhalte) aktiviert, welche nun den Videostream perspektivisch korrekt überlagern und auf dem Display des Ausgabegeräts (z. B. ein Smartphone oder eine AR/MR-Brille) angezeigt werden.[2]

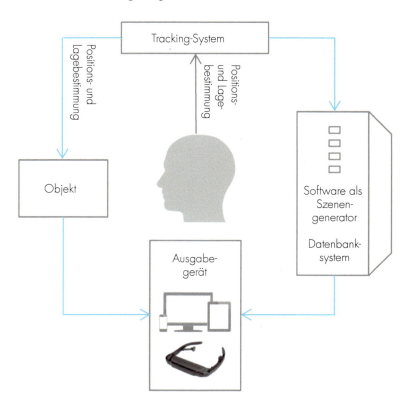

Abbildung 15: Komponenten eines AR/MR-Systems
Quelle: Eigene Abbildung in Anlehnung an Schilling (2007)[3]

Heutige Tracking-Systeme basieren auf unterschiedlichsten Techniken und können grundsätzlich in visuelle und nichtvisuelle Tracking-Verfahren unterteilt werden.[4] Beide werden wir im Folgenden noch genauer betrachten.

Eine schnelle Initialisierung, stabiles Tracking bei Beleuchtungsunterschieden und Bewegung sowie hohe Genauigkeit bei der Überlagerung sind unerlässlich für eine überzeugende User Experience. Durch die technologische Weiterentwicklung (verbesserte Geräte, zusätzliche Sensoren, Displays etc.) sind für die Zukunft noch bessere Resultate zu erwarten. Es ist davon auszugehen, dass sich die Entwicklung der letzten Jahre fortsetzt: Die Technik wird immer mehr zur Selbstverständlichkeit werden und mehr und mehr in den Hintergrund treten. In der Folge wird sich der Fokus hoffentlich vermehrt auf eine intuitivere Nutzererfahrung richten können.

## 2. Visuelles bzw. optisches Tracking

Visuelle Tracking-Verfahren benutzen optische Sensoren (sehr häufig Digitalkameras oder mittlerweile auch RGB-D-Kameras), welche im Bereich von sichtbarem Licht und Infrarotlicht funktionieren. Systeme dieser Art sind heute am gebräuchlichsten, denn sie liefern präzise Ergebnisse und besitzen zudem eine hohe Reichweite[5] – was sehr wichtig ist, wenn sich der Benutzer möglichst frei bewegen können soll.

Visuelles Tracking erfolgt zum einen mit sogenannten Markern – künstliche Symbole (zwei oder dreidimensional), welche aufgrund ihrer geometrischen Form, Farbe etc. mithilfe von Bildverarbeitungstechniken von der Kamera erkannt (getrackt) werden können. Bisherige Marketinganwendungen nutzen meist Bilder als Marker, weil sich diese zum einen gut in andere Medien einbinden lassen, und zum anderen auch dem ästhetischen Anspruch gerecht werden. Die Bildmarker lassen sich nicht nur zur Initialisierung nutzen. Sie lassen sich komplett überlagern oder die abgebildeten Inhalte können zum Leben erweckt werden.

Marker

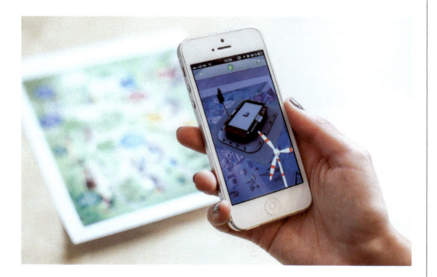

Abbildung 16:
Funktionsweise von marker-basiertem Tracking
Quelle: Metaio (2013)

2D-Marker, meistens in Form eines schwarz-weißen Musters, das an das zu trackende Objekt angebracht wird, sind technisch sehr einfach umzusetzen und dementsprechend auch sehr kostengünstig. Werden mehrere Marker verwendet, spricht man von multi-marker-basiertem Tracking.

multi-marker-basiertes Tracking

## Wie funktionieren Augmented und Mixed Reality?

In beiden Fällen wird der Videostream mithilfe von Bilderkennungsmethoden analysiert. Dies liefert Sensordaten über die Position der gefundenen Muster und Strukturen und daraus wird dann die Kameraposition berechnet.

Eine Schwierigkeit beim visuellen Tracking mit Markern liegt allerdings darin, dass die Sicht zwischen Kamera und Tracking-Objekt frei sein muss. Denn wenn ein reales Objekt einen relevanten Teil der Markerstruktur verdeckt, kann dessen Lage nicht bestimmt werden.

Die Verwendung von künstlichen Markern eignet sich aber nicht für jede AR/MR-Applikation – sei es aus ästhetischen oder praktischen Gründen. Insbesondere bei umfangreichen Umgebungen gestaltet sich marker-basiertes Tracking schwierig, da in einem solchen Fall große Mengen künstlicher Marker platziert werden müssen.[6]

Abhilfe schafft hier visuelles Tracking, das markerlos funktioniert. In diesem Fall werden für die Positionsbestimmung natürliche Merkmale von realen Gegenständen benutzt.[7] Dies können einzelne auffällige Merkmale (Features, Ecken oder Kanten) sein oder aber auch das komplette physische Objekt. Allerdings werden in diesem Fall im Vergleich zum visuellen Tracking mit Markern deutlich komplexere Bilderkennungsalgorithmen benötigt. Schwierig wird es beispielsweise, wenn die Oberfläche eines Tracking-Objekts glänzt oder uneben ist, oder wenn aufgrund ungünstiger Lichtverhältnisse nicht genügend Kontrast vorhanden ist. Abbildung 17 zeigt, was die Kamera eines Mobilgeräts in der realen Umgebung erkennt. Diese Darstellung ermöglicht eine bessere Einschätzung darüber, welche Features von physischen Gegenständen für die Erkennung und damit für eine Überlagerung mit virtuellen Objekten geeignet sind und wo es möglicherweise schwieriger wird.

Abbildung 17:
Erkennung der realen Umgebung durch die Kamera
Quelle: RE'FLEKT (2017)

## Visuelles bzw. optisches Tracking

Je schneller und genauer die Initialisierung von Objekten erfolgt, desto besser ist das visuelle Feedback für den Anwender. Ein solides Tracking erreicht man, indem die Objekte vorab auf ihre Erkennbarkeit geprüft und mögliche Einschränkungen in der Robustheit des Trackings minimiert bzw. ausgeschlossen werden.

Beim markerlosen Tracking gibt es verschiedene Ansätze. Einige Systeme greifen auf 3D-Referenz-Modelle zurück, mit denen reale Objekte verglichen werden. Hierbei spricht man von „model-based Tracking". Beim „feature-based Tracking" werden komplexe Bilderkennungsmethoden eingesetzt, um spezifische Referenzpunkte herauszufiltern.[7]

Beim sogenannten SLAM-Tracking – simultaneous localization and mapping – wird von Kamera und Algorithmus eine Karte der Umgebung erstellt und die eigene Position darin bestimmt. Das Gerät kann damit die relative Position zu anderen Objekten im Raum bestimmen und mit dem Wissen über die eigene Position die realen Verhältnisse berechnen. Voraussetzung dafür ist, dass ausreichend „trackbare" Objekte erkannt werden können und sich die Umgebung nicht stetig verändert.

*SLAM-Tracking*

Der Grad, bis zu dem eine sich verändernde Umgebung erkannt werden kann, ist von der realen Situation abhängig. Beispielsweise können umherlaufende Menschen im Raum das Tracking signifikant beeinflussen. Google entwickelte schon 2014 das Tango-Tablet, das zusätzlich zur normalen Kamera einen RGB-D-Sensor – also eine Tiefenkamera – integriert hat. Damit ist es möglich, per Infrarotstrahlung die Tiefe des Raums präziser zu bestimmen und somit eine verlässlichere Position des eigenen Standorts zu eruieren.

*Tiefenkamera*

Allerdings funktionieren die aktuellen Tiefensensoren nur innerhalb von geschlossenen Räumen zuverlässig. Außerhalb dieser Räume führen Helligkeit und Sonneneinstrahlung zu unzuverlässigen Ergebnissen. Für das Indoor-Mapping stellt der Einsatz von zusätzlichen RGB-D-Kameras eine deutliche Verbesserung dar. Mittlerweile hat Google seinen Visual Positioning Service (VPS) vorgestellt, der auf Tango-Technologie basiert. Dieser wird nun mit Features aus Google Maps kombiniert, um eine präzise Indoor-Navigation zu ermöglichen.

*Indoor-Mapping*

*Visual Positioning Service*

AR- und MR-Brillen wie die Microsoft HoloLens, die Meta 2 oder auch die R8 und R9 von ODG nutzen SLAM-Tracking, um die virtuellen Objekte im Raum zu platzieren. Dabei profitieren die Anwender vom sogenannten Inside-out-Tracking: Das bedeutet, dass die Brillen über alle Sensoren verfügen, um sich in der Umgebung zurechtfinden. So hat die HoloLens beispielsweise mehrere Kameras, Lichtsensoren sowie den erwähnten Tiefensensor integriert und kann damit die virtuellen Objekte – bei der HoloLens „Hologramme" genannt – präzise in der Umgebung platzieren.

*Inside-out-Tracking*

Im Vergleich zu bisherigen Geräten stellt das einen großen Schritt für die User Experience dar. Allerdings mangelt es den Brillen dafür teils

## Wie funktionieren Augmented und Mixed Reality?

an anderen Trackingmöglichkeiten wie Markertracking oder markerloses model-based Tracking. So können die HoloLens und die Meta SLAM-Tracking nutzen, aber keine physischen Objekte erkennen, wie es mit einem model-based oder edge-based Tracking möglich ist.

Für Anwendungen, bei denen eine korrekte Überlagerung auch bei sich verändernder Umgebung gefordert ist, kommen die Brillen daher mit der serienmäßigen Trackingtechnologie an ihre Grenzen. Mittlerweile entwickeln aber unabhängige Technologieunternehmen eigene objektbasierte Trackingsysteme für die Brillen, insbesondere für die HoloLens.

### 3. Nichtvisuelles Tracking

Beim nichtvisuellen Tracking werden für die Positionsbestimmung von realen Objekten keine optischen Sensoren, sondern andere Methoden angewendet. Eine interessante Zusammenstellung und Beschreibung findet sich beispielsweise bei Rolland, Baillot & Goon[8]:

#### Laufzeitbasiertes Tracking (Time of flight)

*laufzeitbasiertes Tracking*

Diese Art Tracking-System verwendet das umgebende Medium als Signalträger. Dabei wird die Laufzeit eines Signals gemessen, um die Position des Empfängers zu ermitteln. Das bekannteste System dieser Art ist GPS, welches Satelliten und Bodenstationen rund um die Welt verwendet. Dieses und andere globale Satelliten-Navigationssysteme berechnen die Position des Empfängers (beispielsweise eines Smartphones) basierend auf der Laufzeit von Radiowellen und den dadurch ableitbaren Distanzen zu mehreren Signalsendern.

*GPS*

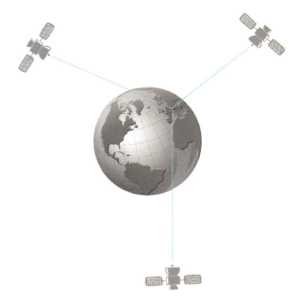

Abbildung 18: Positionsbestimmung mit drei Satelliten
Quelle: Eigene Abbildung (2017)

Solche Tracking-Systeme eignen sich besonders gut für den Einsatz im Außenbereich – beispielsweise für Navigationsanwendungen und Location-based Services (mobile Dienste, die dem Benutzer ortsbasierte Informationen oder Dienste liefern). Allerdings ist ein laufzeitbasiertes Tracking innerhalb von Gebäuden oft nicht (oder nur schlecht) möglich, da das GPS-Signal dafür nicht ausreicht.

*Location-based Services*

Akustisches Tracking kann ebenfalls zu den laufzeitbasierten Systemen gezählt werden. Bei dieser Methode trifft ein akustisches Schallsignal auf mehrere, an verschiedenen Orten aufgestellte Empfänger. Durch Triangulation lässt sich aus den unterschiedlichen Laufzeiten des Signals dann die Lage des Senders ermitteln. Schwierigkeit: Da das akustische Signal über Luft übertragen wird, können Veränderungen des Mediums (z. B. Temperatur- und Luftdruckschwankungen) die Laufzeit beeinflussen und die Resultate verfälschen. Weiterhin werden mittlerweile auch optische Time-of-flight-Systeme entwickelt, wie sie beispielsweise bei der Tiefenkamera Kinect 2 von Microsoft genutzt werden.

*akustisches Tracking*

## Magnetisches Tracking

Bei magnetischen Tracking-Systemen messen Magnetometer die Orientierung eines Objektes in Bezug auf das Erdmagnetfeld. Das bekannteste Beispiel hierfür ist der Magnetkompass. Problematisch bei der magnetischen Tracking-Methode ist, dass das Erdmagnetfeld ungleichmäßig verläuft und anfällig für äußere Einflüsse ist. So können beispielsweise Metalleinschlüsse in der Erdoberfläche oder Metallteile, welche sich in der Nähe des Sensors befinden, die Messresultate verändern. Auch fließender Strom kann ein magnetisches Feld aufbauen und eine mögliche Quelle für Interferenzen darstellen. Ein Magnetkompass ist daher ein ungenaues Messinstrument und wird häufig in Kombination mit anderen Sensoren verwendet.

*magnetisches Tracking*

## Trägheitsnavigationssysteme (inertiale Navigationssysteme)

Dabei handelt es sich um Sensorsysteme, welche mithilfe von Gyroskopen oder Beschleunigungssensoren Rotations- und Translationsbewegungen messen. Dadurch lässt sich die Position eines Objektes in Bezug zu dessen Ausgangspunkt ermitteln.

*Trägheitsnavigationssysteme*

## Mechanisches Tracking

Beim mechanischen Tracking existiert eine mechanische Verbindung zwischen dem Tracking-Objekt und einem Referenzpunkt. Diese besteht aus einem Metallarm, der in verschiedene Sektoren unterteilt, an den Gelenken beweglich und mit Sensoren ausgestattet ist. Die Rotationen und Bewegungen werden gemessen und aus den Sensorwerten wird dann die Position des Tracking-Objektes in Bezug zum Referenzpunkt berechnet. Die Schwäche dieser Art Systeme besteht darin, dass so-

*mechanisches Tracking*

wohl die Bewegungsfreiheit als auch die Reichweite stark eingeschränkt sind. Daher kommt die mechanische Methode für viele Anwendungen nicht infrage. Der Vorteil liegt aber darin, dass die Ermittlung der Werte sehr schnell geht und diese auch sehr genau ausfallen.

### 4. Sensor Fusion

Wer AR/MR nutzt, der weiß: Wenn das Tracking nicht funktioniert, ist die Frustration groß. Bei einer guten Anwendung sollte der Vorgang schnell ablaufen. Sobald der Nutzer sein Mobilgerät auf einen Marker oder ein reales Objekt richtet, sollten die digitalen Inhalte eingeblendet werden. Zudem sollte die Erkennung so gut sein, dass sich der Benutzer möglichst wenig um eine korrekte Ausrichtung der Kamera kümmern muss. Weiterhin ist es wichtig, dass das Tracking stabil bleibt, wenn das Objekt oder das Bild initialisiert ist – die Verbindung also auch nicht verloren geht, wenn sich der Benutzer mit seinem Mobilgerät bewegt. Denn nur so ist ein effektives Arbeiten und eine gute User Experience gewährleistet.

Das hört sich in der Theorie zwar sehr einfach an – in der Praxis sieht es aber deutlich komplizierter aus. Jede der in den → Kapiteln 2.2 und 2.3 beschriebenen Tracking-Methoden hat Stärken und Schwächen. Aus diesem Grund werden deshalb oft verschiedene Ansätze miteinander kombiniert. Gerade im Bereich der Mobilgeräte befinden wir uns hier erst am Anfang, denn Smartphones/Tablets bieten noch viele ungenutzte Möglichkeiten – insbesondere für Augmented und Mixed Reality.

### 5. Sensoren im Überblick

Die Kamera beispielsweise kann Bilder und Videos aufnehmen. Es lassen sich damit aber auch Gesichter erkennen und gezielt zur Steuerung des Geräts nutzen. In den Brillen kann die Kamera auch für die Aufnahme der Anwendersicht genutzt werden, um zu zeigen, was der Anwender sieht. Darüber hinaus dienen die verschiedenen Kameras bei AR- und MR-Brillen auch zur Nutzung von *Gestensteuerung* – also der Bedienung der Geräte mittels Hand- und Fingergesten oder der Steuerung mit dem menschlichen Auge.

Im Vergleich zur einer normalen Kamera kann ein *RGB-D-Sensor* (RGB-D-Kamera) per Infrarot die Tiefe im Raum bzw. die Distanz zwischen Objekten präziser berechnen als die reguläre RGB-Kamera. Dies ermöglicht eine genauere Positionsbestimmung.

*Lichtsensoren* messen in Brillen das Umgebungslicht und können so auf Änderungen reagieren, um eine möglichst realistische Darstellung der virtuellen Hologramme zu ermöglichen.

Für die Kommunikation stehen Mikrofon und Lautsprecher zur Verfügung. Noch hat sich die Sprachsteuerung nicht bewährt, aber in der

## Sensoren im Überblick

Zukunft werden verbesserte Systeme in Kombination mit anderen Eingabemethoden zum Standard gehören.

Jeder, der schon eine der zahlreichen Wasserwaagen-Apps auf dem Smartphone genutzt hat, kam dabei in Kontakt mit dem eingebauten Gyroskop. Durch Messung der Lageveränderungen kann damit die Orientierung des Mobilgeräts bestimmt werden.

Gyroskop

Geht es um Beschleunigung, dann kommt der Accelerometer ins Spiel (beispielsweise Schüttelgesten, mit denen bestimmte Funktionen ausgelöst werden). Durch ihn lässt sich erkennen, in welche Richtung das Gerät bewegt wird.

Accelerometer

Mittels Accelerometer und Gyroskop lassen sich also z. B. Rennspiele auf dem Mobilgerät durch Neigung und Rotation der Hände steuern.

Abbildung 19: Steuerung durch Neigung und Rotation bei GT Racing 2
Quelle: Eigene Abbildung (2015)

Der magnetische Kompass sorgt dafür, dass der Benutzer die korrekte geographische Orientierung erhält. Zur Standortbestimmung nutzen Mobilgeräte die GPS-Funktion. Zusammen mit dem Kompass entsteht so eine zuverlässige Navigation. Wenn kein GPS-Signal verfügbar ist, kann auch das WLAN eine Positionsbestimmung vornehmen. In diesem Fall bestimmt das Gerät durch Triangulation anhand verschiedener WLAN-Punkte seinen ungefähren Standort.

Kompass

WLAN

Erschwerend ist es bis heute, dass solche Signale innerhalb von Gebäuden häufig geblockt werden oder für eine genaue Ortsbestimmung zu schwach sind. Wie zuvor beschrieben, setzt Google nun auf den Visual Positioning Service. Allerdings sind bislang noch sehr wenig Geräte auf dem Markt, welche die Technologie zur Verfügung stellen. Bis diese Art von Technologie massentauglich wird, sind Beacons eine interessante Lösung im Zusammenspiel mit Augmented und Mixed Reality (→ Gallery One).

Beacons

### Wie funktionieren Augmented und Mixed Reality?

Abb. 20:
Beacon für Lokalisierung
Quelle: Estimote Inc.
(2015)

Mit GPS und Gyroskop entsteht eine weitere Trackingvariante: die Location-based Services. Hier erhält der Nutzer Informationen aufgrund seines Standorts und der Blickrichtung seines Mobilgerätes.

In der Vergangenheit war es so, dass die in den Mobilgeräten verbauten Sensoren Cent-Artikel waren – entsprechend also auch ihre Qualität. Seit die großen Hersteller, insbesondere Apple, Facebook, Google, Microsoft und Samsung, eigene Hard- und Software entwickelt bzw. bereits vorgestellt haben, richtet sich der Fokus auf AR- und MR-fähige Sensoren und Geräte. Das war in den Jahren 2015 und 2016 eine der wichtigsten Entwicklungen für AR und MR.

### 6. Darstellung

Nach dem im → 2.1 beschriebenen Tracking- und Registrierungsprozess wird der augmentierten Videostream via eines Displays angezeigt. Welche Arten es hier gibt, wollen wir im Folgenden betrachten.

Prinzipiell kann unterschieden werden zwischen drei verschiedenen Ausprägungen:[2]
- Überlagerung eines Videobildes
- Überlagerung der freien Sicht
- Projektionsbasierte Darstellung

#### Bildschirm-Darstellung

Die Tracking-Software scannt die Umgebung in kurzen Intervallen und sucht diese nach einem oder mehreren Markern ab. Erkennt die Kamera einen Marker, wird die Komposition aus natürlicher Umgebung, Marker und virtuellen Elementen auf den Computermonitor projiziert.

Computermonitor

Die Tracking-Software ist fähig, die Bewegung des Markers nachzuvollziehen und die korrekte Lage der virtuellen Objekte dementsprechend anzupassen. Es ist auch möglich, verschiedene Aktionen durch

## Darstellung

Manipulation des Markers (Drehen oder Abdecken bestimmter Gebiete) auszulösen. So kann z. B. die Farbe eines Objektes verändert werden.

Diese Art der AR/MR-Darstellung wird sehr häufig verwendet. So können verschiedene Printerzeugnisse wie Gruß- oder Visitenkarten, Werbeanzeigen etc. mit AR-Inhalten erweitert werden, welche der Nutzer dann vor dem Computer ansehen kann. Häufig werden auch fixe Bildschirmstationen in Läden (genannt „Kiosk" oder „Digital Signage"), Ausstellungen oder Messen aufgestellt, wo der Nutzer mit den AR-Inhalten interagieren kann. Ein Beispiel hierfür ist der Lego Digital Box Kiosk (→ Kapitel 4, S. 85). Die Lego-Packungen sind mit Markern versehen, nach deren Tracking die Kunden den zusammengebauten Inhalt sehen können.

### Mobilgeräte (Handhelds)

Mobilgeräte – Smartphones und Tablets – nutzen Video-see-through-Technologie, um die reale Umgebung mit virtuellen Elementen zu überlagern, und nutzen Sensoren wie Kompass und GPS, Referenzpunkt-Marker-Systeme und Bilderkennungsmethoden.[9]

Mobilegeräte sind trotz der vielen neuen AR- und MR-Brillen immer noch die am meist genutzten Devices für Augmented und Mixed Reality – ausgestattet mit Vollfarb-Displays, integrierten Kameras, schnellen Prozessoren und 3D-Grafik-Chips.[10] Mit den bereits beschriebenen Tango-Devices steht bereits die nächste Generation am Start. Geräte wie das Lenovo Phab 2 oder das Asus Zenfone AR verfügen bereits über die wichtigen Tiefensensoren für eine detaillierte Raumerkennung und -vermessung.

### Head-mounted Displays (HDM)

HDMs für Augmented und Mixed Reality nutzen entweder ein (monokulares) oder zwei (binokulares oder stereoskopisches) Display/s mit Linsen und semitransparenten Spiegeln, welche an einem Helm oder in einer Brille angebracht sind. Wenn der Nutzer seinen Kopf bewegt, erfasst die Kamera die reale Umgebung (SLAM-Tracking) und sucht diese nach Markern (Markertracking) oder natürlichen Objekten (markerloses Tracking) ab. Das Rendering von realen und virtuellen Bildern wird dann auf das Display projiziert, welches direkt vor dem Auge des Benutzers angebracht ist.

Des Weiteren unterscheiden sich die Brillen darin, ob man die reale Umgebung sehen kann oder nicht. Ist dies möglich, so spricht man von „Optical-see-through" (z. B. Microsoft HoloLens, Meta 2, Epson Moverio BT-300, ODG R8/R9). Ist die Brille geschlossen wie in der virtuellen Realität und der Blick auf die reale Umgebung ist nur durch eine angebrachte Kamera möglich, dann bezeichnet man das als „Video-see-through" (z. B. Oculus Rift mit Kamera oder Samsung Gear VR).

---

*Marginalien:*
fixe Bildschirmstationen
Kiosk
Digital Signage

Smartphones
Tablets

Tango-Devices

Head-mounted Displays (HDM)

Optical-see-through

Video-see-through

## Wie funktionieren Augmented und Mixed Reality?

Während der Nutzer bei Optical-see-through ausschließlich AR- und MR-Inhalte eingeblendet bekommt, befindet er sich bei Video-see-through bereits in der virtuellen Realität, die per zusätzlicher Kamera um AR und MR ergänzt wird.

Mittlerweile sind zwei Richtungen erkennbar, die verschiedene Ansätze zur Darstellung von Inhalten auf Augmented- und Mixed-Reality-Brillen zeigen:

*Augmented- und Mixed-Reality-Brillen*

[1] Einfache Darstellung von kontextbezogenen Informationen oder Filtern (z. B. Snap Spectacles, LaForge Shima, Intel Recon Jet, Kopin)
[2] Holografische Darstellung von 2D- und 3D-Objekten und realistische Einbettung in die reale Umgebung (z. B. Microsoft HoloLens, Meta 2, ODG R8/9, Magic Leap)

*Datenbrillen*

Die Brillen der Kategorie 1 kommen unseren „normalen" Brillen am nächsten. Häufig als Datenbrillen bezeichnet, zeigen sie hauptsächlich Informationen in 2D-Form an. Das können Daten zur Navigation sein oder auch Informationen über beispielsweise Fitnesswerte beim Joggen. Wie schon bei der Google Glass sind die einfachen Versionen Erweiterungen des Smartphone – vergleichbar mit einer Smartwatch, nur stärker visuell.

Das in Los Angeles ansässige Unternehmen LaForge arbeitet an einer Datenbrille, die sogar individuelle Korrekturgläser enthält. Dass auch simpel erfolgreich sein kann, zeigt Snap mit ihren Spectacles, die wie eine gewöhnliche Sonnenbrille aussehen. In der ersten Version können mit den Spectacles kleine Videos aufgenommen werden und per Filter um Augmented Reality ergänzt werden. Die nächste Version soll bereits weitere Funktionen erhalten, die das Thema Location-based Content stärker nutzen. Die beiden genannten Brillen nutzen die Kameras aktuell nicht zum Tracking, sondern blenden nur Informationen ins Sichtfeld des Anwenders ein.

Die Geräte von Epson (Moverio-Serie) oder Vuzix hingegen können Markertracking und fügen auch 3D-Objekte positionsgerecht ein.

Die R8 und die R9 von ODG lassen sich an der Schnittstelle zwischen reinen Datenbrillen und Mixed-Reality-Brillen ansiedeln. Beide haben einen RGB-D-Sensor für Inside-out-Tracking integriert, die realistische Darstellung der virtuellen Objekte entspricht allerdings nicht einer Microsoft HoloLens oder einer Meta 2.

*HoloLens*
*Meta 2*

In der Königsklasse spielen aktuell genau diese beiden: HoloLens und Meta 2. Beide haben ähnliche Ansätze, wobei die HoloLens die komplette Technik – einen kleinen Windows 10-Rechner – integriert hat, während die Meta 2 an einen PC angeschlossen werden muss.

Sowohl die HoloLens als auch die Meta 2 erlauben die Interaktion mit holografischen Objekten in der realen Umgebung. Das Ziel ist es, die Objekte derart realistisch aussehen zu lassen und zu integrieren,

## Darstellung

dass sie als reale Objekte wahrgenommen werden. Je besser die Positionierung im Raum ist, desto realistischer empfinden wir es.

Während man bei anderen Brillen meist den Eindruck hat, dass die Objekte vor dem Betrachter auf einem Display dargestellt sind, sollen sie bei der HoloLens in der richtigen Distanz erscheinen. Dazu werden die Hologramme in die beiden Displays für das rechte und das linke Auge projiziert.

Magic Leap entwickelt eine eigene Anwendung von Lichtfeldtechnologie, um eine deutlich realistischere Darstellung zu erreichen. Dabei sollen die Objekte nicht auf Displays, sondern direkt ins Auge des Anwenders projiziert werden.

*Lichtfeldtechnologie*

In die gleiche Richtung geht das Start-up Avegant, das ebenfalls an einem Prototypen mit Lichtfeldtechnologie arbeitet. Diese technologische Weiterentwicklung ist äußerst wichtig, wenn Augmented und Mixed Reality künftig in unseren Alltag eingebunden werden sollen.

Abschließend noch kurz etwas zu dem, was wir tatsächlich mit den Brillen sehen können – das Sichtfeld des Anwenders. Bei der HoloLens ist dieses mit unter 40 Grad stark eingeschränkt – was deutlich wird, wenn man ein großes Objekt (z. B. ein Auto oder ein Haus) im realen Maßstab vor sich hat oder nahe an ein Hologramm herangeht.

Bei der Meta 2 sieht man mit 90 Grad mehr als doppelt so viel und Magic Leap wird vermutlich auch ein größeres Sichtfeld haben als die HoloLens.

Ein Vergleich der Brillen macht aber generell nur bedingt Sinn, weil sie alle ihre Vor- und Nachteile haben und je nach Anwendungsgebiet ihre Stärken ausspielen können.

### EXKURS: MICROSOFT HOLOLENS

Hier soll ein kurzer Exkurs zur „Microsoft HoloLens" eingeschoben und ein genauerer Blick auf das Device geworfen werden, von welchem viele denken, dass es die Wahrnehmung von Augmented und Mixed Reality nachhaltig beeinflusst.

Die Microsoft HoloLens war bei ihrer Präsentation eine große Überraschung. Während der Entwicklerkonferenz Build im Januar 2015 zeigte Microsoft die Brille am Ende des Events. Zu diesem Zeitpunkt war die HoloLens bereits in einem weit entwickelten Zustand. In den Folgemonaten wurde die Erwartungshaltung immer größer und jetzt – mehr als zwei Jahre später – kann man sagen, dass das Device die erste Augmented- oder Mixed-Reality-Brille ist, die auf breite Akzeptanz gestoßen ist.

### Wie funktionieren Augmented und Mixed Reality?

Abb. 21:
Microsoft HoloLens
Quelle: Used with permission from Microsoft (2016)

#### Headset und Sensoren

Die HoloLens ist für eine Brille recht groß und wiegt 579 Gramm. Damit sie fixiert ist und nicht zu stark auf Kopf und Nase drückt, wird sie von einem Ringband gehalten, das sich individuell einstellen lässt. Damit ist es möglich, sich mit der Brille zu bewegen und den Kopf zu drehen und zu neigen, ohne dass sie vom Kopf fällt.

Der Prozessor der HoloLens ist die eigens entwickelte „Holographic Processing Unit" (HPU), basierend auf einer Intel 32-bit Architektur. Unterstützt wird die HPU von 2 GB RAM und 64 GB Speicher sowie einer Vielzahl von Sensoren: vier Kameras, Tiefensensor, Lichtsensor, vier Mikrofone, Lautsprecher für räumlichen Sound sowie ein WIFI- und Bluetooth-Modul. Eine 2-Megapixel-Kamera ermöglicht die Aufnahme des Contents in HD.

Das Ganze hat keine Lüfter wie ein regulärer PC, sondern lediglich Luftschlitze. Die Batterie in der HoloLens kann nicht gewechselt werden und hält je nach Anwendung ca. zwei bis drei Stunden. Über USB lässt sie sich aufladen oder es lässt sich eine externe Batterie anschließen, die allerdings nur lädt, solange die Brille nicht in Gebrauch ist.

#### Display

Die Linsen der HoloLens bestehen aus drei Glasschichten (rot, grün und blau) und ermöglicht eine Projektion auf beiden Seiten für das rechte und linke Auge. Die Lichtquelle über den Linsen projiziert die Inhalte für jedes Auge auf die Gläser in der Brille. Sobald die HoloLens den Raum vermessen hat, ist sie in der Lage, die Hologramme positionsgerecht auf den beiden Linsen anzuzeigen. Das Sichtfeld (Field-of-view) wird von Microsoft nicht explizit ausgewiesen, aber es liegt erfahrungsgemäß unter 40 Grad, wobei die Größe des Sichtfelds nicht ausschließlich für die Darstellungsqualität verantwortlich ist. Dabei spielen auch Faktoren wie Preis und Batterielaufzeit eine Rolle, weshalb sich Microsoft für ein kleineres Sichtfeld entschieden hat.

#### Hologramme

Microsoft nennt die virtuellen Objekte, die in der HoloLens dargestellt werden, „Hologramme". Es sind zwar keine richtigen holografischen Darstellungen, aber sie erwecken den Eindruck von solchen. Im Vergleich zur Einblendung von Content auf Datenbrillen, wo es so scheint, als ob die Objekte direkt auf dem Display kleben, zeigt die HoloLens die 3D-Modelle im Raum an. Man bekommt ein Gefühl für die Distanz zu den Objekten, kann komplett um sie herumlaufen und mit ihnen interagieren.

Abbildung 22:
Holografische Darstellung der Erde in der HoloLens
Quelle: RE'FLEKT (2017)

Per Gestensteuerung lassen sich die Hologramme in der realen Umgebung platzieren, skalieren oder animierte Sequenzen starten. Insbesondere die Möglichkeit, sich um die Objekte vollständig herumzubewegen, sorgt bei Anwendern für Überraschungseffekte. Es ermöglicht neue Formen der Präsentation und kollaborativer Arbeit, weil man plötzlich überall auf der Welt mit nur einer Brille die gleiche Szene betrachten und sich darin bewegen kann.

### Steuerung

Die HoloLens hat verschiedene Eingabemöglichkeiten: Gestensteuerung, Sprachsteuerung, Bedienknöpfe, Bluetooth-Klicker. Die am häufigsten genutzte Steuerung geht über die Fingergesten, die Microsoft selbst entwickelt hat und durchaus als natürlich empfunden werden können. Beim Großteil der Anwender – unabhängig vom Alter – geht es sehr schnell, die Gesten zu erlernen. Vergleichbar mit dem ersten Bedienen einer Computermaus, braucht es ein paar Minuten, um ein Gefühl dafür zu bekommen.

Auch die Sprachsteuerung funktioniert in ruhigen Umgebungen sehr gut. Selbst im Flugzeug mit Umgebungsgeräuschen konnten wir die HoloLens per Sprachsteuerung bedienen. Sogar Microsofts Sprachassistent Cortana ist auf der Brille integriert.

Die HoloLens verfügt über wenige Buttons zur Bedienung, beispielsweise um die Lautstärke der Sprachanweisungen anzupassen oder um den Kontrast zu verändern. Als zusätzliche Variante gibt es einen Klicker – ähnlich einer kleinen Fernbedienung – der per Bluetooth mit dem Gerät verbunden ist und die Bedienung ermöglicht.

**Wie funktionieren Augmented und Mixed Reality?**

### Preis und Verfügbarkeit

Die HoloLens ist seit 2017 auch in Deutschland erhältlich. In der Entwicklerversion kostet sie rund 3.000 Euro, in der Consumer Version ca. 5.000 Euro. Microsoft hat bislang keine Angaben zur Roadmap für die nächste Version gemacht. Es gibt Berichte, die davon sprechen, dass es frühestens 2018 oder womöglich erst 2019 eine zweite Ausgabe der Brille geben soll.

### Head-up-Displays (HDU)

Ursprünglich wurde diese Technologie für den Einsatz in der militärischen Luftfahrt entwickelt, wo zusätzliche Fluginformationen (Kompass, künstlicher Horizont etc.) auf die Windschutzscheibe des Piloten projiziert wurden.[7] Grundsätzlich kommen hier weder Marker noch andere Tracking-Methoden zum Einsatz. Vielmehr wird ein kleines Gerät hinter dem Armaturenbrett auf die Windschutzscheibe ins Sichtfeld des Piloten projiziert, welcher dann die gespiegelten Informationen als Teil der realen Welt wahrnimmt. Heute wird diese Methode häufig in der Automobilindustrie eingesetzt.

### Kontaktlinsen

Eine weitere Entwicklung, um virtuelle Objekte in die reale Umgebung zu integrieren, sind spezielle Kontaktlinsen. Allerdings befindet sich die Technologie noch in den Kinderschuhen. Babak Parviz, Bio-Nano-Technologieexperte, baute eine Linse mit einem eingebauten LED (Light Emitting Diode), welches drahtlos betrieben wird.

Momentan gibt es immer noch diverse Hürden, welche bei der Produktion von Multifunktionskontaktlinsen überwunden werden müssen. Insbesondere der Herstellungsprozess ist schwierig, weil viele der Linsenteile und Subsysteme untereinander nicht kompatibel sind und weil das Polymer der Linse sehr fragil ist. Zudem müssen alle Komponenten miniaturisiert und in ein kleines, flexibles und transparentes Polymer integriert werden. Die dritte Herausforderung besteht darin, dass die Linse komplett ungefährlich für das Auge sein muss.[11] Es wird sich also erst in Zukunft zeigen, ob und wann Multifunktionskontaktlinsen eine Realität werden.

## 7. Software, Browser, Apps, Content-Management-Systeme

In den letzten Jahren haben sich zahlreiche Unternehmen auf die Entwicklung von AR- und MR-Software spezialisiert – beispielsweise Blippar, Zappar, Wikitude, PTC, Atheer oder Reflekt. Das reicht von technischer Software wie Tracking-SDKs über AR-Browser bis zu Content-Management-Systemen und Plattformen für verschiedene Einsatzbe-

## Software, Browser, Apps, Content-Management-Systeme

reiche und Industrien. Nachdem in den vergangenen Jahren vor allem über Hardware – insbesondere Sensoren und Headsets – gesprochen wurde, geht der Fokus jetzt über auf die Content-Produktion und die dafür notwendigen Tools.

Mittlerweile sind Facebook und Apple eingestiegen und kündigten eigene Tools an. Der Vorteil dabei ist, dass dies den Zugang zu den Betriebssystemen gibt und – im Falle von Apple – von heute auf morgen Zugriff auf Millionen von AR-fähigen Geräten, auf deren Anwender und Entwickler ermöglicht.

Schon kurz nach der Veröffentlichung der Betaversion von Apples AR-Kit (zu dem das vom Techgiganten aufgekaufte ehemalige Metaio-Team einen sichtbar großen Anteil beigetragen hat) haben Entwickler begonnen, Anwendungen zu entwickeln und sie im Netz zu verbreiten. Facebooks Camera Effects Plattform wurde als geschlossene Betaversion kommuniziert und hat deshalb noch nicht denselben Effekt wie Apple. Dies wird sich aber ändern, sobald die Plattform für alle zugänglich sein wird.

*ARKit*

*Facebooks Camera Effects Plattform*

Bisherige AR-Content-Management-Systeme werden insbesondere im Printbereich dennoch ihre Bedeutung behalten, weil sie es Unternehmen und Agenturen ermöglichen, einfach und unkompliziert eigene AR-Anwendungen zu erstellen.

*AR-Content-Management-Systeme*

Für die Verknüpfung von Printmedien mit AR-Content muss ein Code (beispielsweise ein QR-Code), ein Bild oder ein Logo mit Markern versehen werden, damit die Kamera die Objekte erkennen und anschließend den AR-Content aktivieren kann. Die einfachste Variante hierfür ist die Erstellung eines QR-Codes, der eine Verlinkung zu einer Website beinhaltet.

*Printmedien*

QR-Codes können im Internet auf entsprechenden Seiten kostenlos erstellt und genutzt werden. Die Vorteile dieser Methode liegen in der einfachen Erstellung, Verwendung und mittlerweile auch in ihrem Wiedererkennungswert (die meisten Nutzer wissen mittlerweile, was es mit dem schwarz-weißen Muster auf sich hat). Aufgrund seines Designs wird ein QR-Code aber häufig als hässlich und störend empfunden.

Ein System, das keinen QR-Code benötigt und vorhandene Bilder für die Initialisierung verwendet – also markerloses Tracking einsetzt – ist beispielsweise das Programm „Studio" von Wikitude. Damit können Bilder aus Printprodukten als elektronische Version in die Software geladen werden. Es existieren dann verschiedene Möglichkeiten, wie die Inhalte mit Verlinkungen auf Websites oder durch Einblendungen von 3D-Objekten erweitert werden können. Die gewünschten AR-Erweiterungen werden virtuell am Bildschirm auf das Printmedium gezogen, der Button platziert und mit entsprechenden Inhalten wie Website-URLs etc. „verlinkt".

### Wie funktionieren Augmented und Mixed Reality?

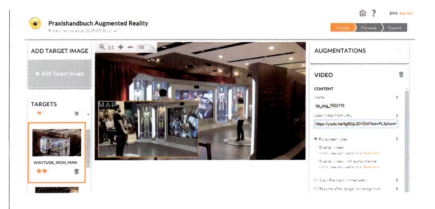

Abb. 23:
Wikitude Studio
Bedienoberfläche
Quelle: Eigene
Abbildung (2017)

Nach dem Publizieren der Seite kann der AR-Content mithilfe der App Wikitude betrachtet werden (so wie das hier im Buch der Fall ist). Vorteilhaft ist, dass auch Printmedien mit AR-Content ausgestattet werden können, die bereits gedruckt sind. Dies ist bei der Verwendung eines QR-Codes natürlich nicht möglich.

Mittlerweile gibt es zahlreiche AR-Content-Managment-Systeme, die ähnlich funktionieren: Layar Creator, Blippbuilder, Aurasma, Augment, TARTT etc.

Um die Dienste nutzen zu können, wird entweder eine monatliche Pauschale bezahlt, die eine unbegrenzte Anzahl an Markern einschließt, oder man zahlt für eine bestimmte Anzahl an Markern.

Obwohl ursprünglich für Entwickler gedacht, haben sich Game Engines im Eiltempo zu mächtigen Content-Werkzeugen für Augmented und Mixed Reality entwickelt. Mehr als 91 Prozent aller HoloLens-Anwendungen und 64 Prozent der Mobile AR-Apps wurden mit Unity3D erstellt.[12] Der Cross-Plattform-Ansatz von Game Engines wie Unity3D und Unreal Engine ist die Basis für einfache Entwicklung. Eine grafische Benutzeroberfläche erleichtert die Erstellung von Content und animierten Elementen für Augmented und Mixed Reality.

Unity3D

Unreal Engine

Alle angebotenen Softwarekomponenten in ihrer Leistungsfähigkeit zu überblicken und zu vergleichen, ist nicht einfach. Denn der Einsatz von AR- und MR-Applikationen hängt stark von der Art des Trackings, der benutzten Hardware und der Art der Anwendung ab.[4]

AR-App

In den ersten Jahren von Augmented Reality war es vielen Unternehmen ein großes Bedürfnis, eine eigene AR-App zu machen, also eine Anwendung, die speziell für einen bestimmten Zweck entwickelt wird – z. B. um Nutzern ergänzende Informationen zu einem Produkt zu liefern, als augmentierte Bedienungsanleitung, um Prozesse zu visualisieren etc.

Im Gegensatz zu einem AR-Browser ist es bei einer AR-App möglich, sämtliche Inhalte (3D-Grafiken, Bilder, Texte etc.) in der Anwendung selber unterzubringen. Das hat den Vorteil, dass der Nutzer keine

## Software, Browser, Apps, Content-Management-Systeme

Internetverbindung braucht, um die Anwendung benutzen zu können. Der Nachteil besteht darin, dass eine App dadurch sehr groß werden kann – also sehr viel Speicherplatz benötigt.

Mittlerweile ist die Konkurrenz in den App Stores aber so groß, dass viele Apps gar nicht gefunden werden. Und wenn doch: Nutzer dazu zu bewegen, sich noch eine weitere App herunterzuladen, ist alles andere als einfach.

Aus diesem Grund tendiert man heute vielfach dazu, AR-Features in bestehende Apps einfließen zu lassen. Selbst Pokémon nutzt diesen Ansatz: Die Karte ist in einer AR- sowie in einer normalen Kartenansicht verfügbar – je nachdem, was gerade bevorzugt wird. Auch bei Apple werden wir bald erste Features von Augmented Reality sehen – sowohl in eigenen wie auch in Partner-Apps.

Bei Mixed-Reality-Anwendungen für Brillen ist es natürlich eine andere Situation – hier gibt es spezielle Apps. Allerdings lassen sich diese mit modernen Plattformen auch aus dem Content einer Tablet-App erstellen. Die Einschränkung liegt eher auf Seiten der Brillen, weil sie nicht dieselbe Größe an Modellen (limitierte Polygon-Anzahl) darstellen können.

Um die Möglichkeiten zu vervollständigen, werfen wir jetzt noch einen Blick auf die Charakteristika von AR-Browsern.

*AR-Browser*

Zu den wichtigsten gehören Wikitude, Layar, Aurasma und Blippar. Die meisten AR-Browser funktionieren auf der Basis eines Verlinkungssystems, das auf die Inhalte von Content-Lieferanten (Entwickler, Firmen etc.) zurückgreift. So können bei Wikitude sogenannte „Worlds", bei Layar „Layers" und bei Aurasma „Auras" erstellt und veröffentlicht werden. Der Benutzer muss also zuerst die App downloaden und dann den Zugang zu den gewünschten Inhalten eines bestimmten Anbieters finden. Dies geschieht entweder über die Suchfunktion, über Favoriten oder teilweise durch Visual Search (indem ein Bild fotografiert wird und das dann aus einer Ergebnisliste ausgewählt wird).[13]

Vom Prinzip her funktioniert ein AR-Browser also ähnlich wie ein Webbrowser. Mit einem problematischen Unterschied: Im Gegensatz zu Internetbrowsern gibt es keine einheitlichen Standards, was die Aufbereitung von AR-Content angeht. Das bedeutet, dass Inhalte für jeden AR-Browser unterschiedlich aufbereitet werden müssen.

Ob Stand-alone-App, integrierte AR-Funktionalitäten in einer bestehenden App oder ein Kanal in einem AR-Browser: Alles hat Vor- und Nachteile. Wenn man sich als Unternehmen mit dem Gedanken trägt, eine mobile AR-Anwendung zu entwickeln, muss man die verschiedenen Varianten gegeneinander abwägen und entscheiden, was im konkreten Fall am meisten Sinn macht. Aus diesem Grund werden wir uns im → Kapitel 5.5 noch detaillierter mit diesem Thema auseinandersetzen.

## LESETIPPS

▶ Dörner, Ralf/Wolfgang, Broll/Grimm, Paul/Jung, Bernhard (2013): *Virtual und Augmented Reality: Grundlagen und Methoden der Virtuellen und Augmentierten Realität.* Springer-Verlag
▶ Rolland, Jannick/Baillot, Yohan/Goon, Alexei (2001): *A Survey of Tracking Technologies for Virtual Environments.* In: Fundamentals of Wearable Computers and Augmented Reality
▶ Tönnis, Marcus (2010): *Augmented Reality. Einblicke in die Erweiterte Realität.* Springer Verlag

## Anmerkungen:

[1] Tegtmeier, André (2006): *Augmented Reality als Anwendungstechnologie in der Automobilindustrie.* Otto-von-Guericke-Universität.
[2] Dörner, Ralf/Broll, Wolfgang/Grimm, Paul/Jung, Bernhard (2013): *Virtual und Augmented Reality: Grundlagen und Methoden der Virtuellen und Augmentierten Realität.* Springer-Verlag. Berlin Heidelberg.
[3] Schilling, Thomas (2007): *Augmented Reality in der Produktentstehung.* Dissertation. Technische Universität Illmenau.
[4] Mehler-Bicher, Anett/Reiss, Michael/Steiger, Lothar (2011): *Augmented Reality: Theorie und Praxis.* Oldenbourg Verlag.
[5] Schwarzbauer, Christian (2005): *Grundlagen Augmented Reality.* Abgerufen am 15.03.2017 von http://www.dma.ufg.ac.at
[6] Klein, Georg (2009): *Visual Tracking for Augmented Reality: Edge-based Tracking Techniques for AR application.* Saarbrücken.
[7] Tönnis, Marcus (2010): *Augmented Reality. Einblicke in die Erweiterte Realität,* Springer Verlag.
[8] Rolland, Jannick/Baillot, Yohan/Goon, Alexei (2001): *A Survey of Tracking Technologies for Virtual Environments.* In: Fundamentals of Wearable Computers and Augmented Reality. Mahwah. NJ: Lawrence Erlbaum Assoc.
[9] Furth, Burko (2011): *Handbook of Augmented Reality.* Springer Science and Business Media. Heidelberg.
[10] Haller, Michael/Billinghurst, Mark/Thomas, Bruce H. (2007): *Emerging Technologies of Augmented Reality: Interfaces and Design.* Idea Group Inc. London.
[11] Parviz, Babak (2009): *Augmented Reality in a Contact Lens: A new generation of contact lenses built with very small circuits and LED promises bionic eyesight.* Abgerufen am 23.06.2017 von http://spectrum.ieee.org/biomedical/bionics/augmented-reality-in-a-contact-lens/0
[12] Vergara, Mauricio (2017): Augmented World Expo: How Unity developers will be part of the future. Abgerufen am 16.06.2017 von https://blogs.unity3d.com/2017/06/08/augmented-world-expo-how-unity-developers-will-be-part-of-the-future/
[13] Augmented Minds (2013): *Augmented Reality Browser.* Abgerufen am 26.06.2017 von http://www.augmented-minds.com/de/erweiterte-realitaet-anwendung/was-ist-augmented-reality

# Kapitel 3
# Warum profitieren digitale Kommunikation und Mobile Marketing von AR/MR?

### UM DAS GEHT'S!

- ▶ Wie verändern Online- und Digitalmedien die Medienlandschaft?
- ▶ Welchen Einfluss hat die heutige Informationsflut auf das Nutzerverhalten?
- ▶ Was versteht man unter multisensualer Kommunikation?
- ▶ Wie erweitern Augmented und Mixed Reality die visuelle Kommunikation?

## 1. Kommunikation im digitalen Medienzeitalter

In den vergangenen Jahren haben Menschen ihre Gewohnheiten verändert, wie sie Informationen aufnehmen und Medien nutzen. Wie auch schon in früheren Zeiten neu entstehender Medienkanäle, so zeigt sich auch heute: Bestehende Medien verschwinden nicht. Sie werden erweitert, neu konzipiert und passen sich an die neue Situation an. Unternehmen ergänzen ihren Kommunikationsmix, um mit passenden Instrumenten eine möglichst breite Zielgruppe erreichen zu können. Selbst unser Gehirn stellt sich der neuen Situation und filtert ankommende Informationen immer schneller.

Darin liegt die Basis für eine neue Generation von Kommunikationsinstrumenten wie Augmented und Mixed Reality. Visuell, interaktiv und mit spielerischer User Experience: So entstehen neue Möglichkeiten, um Zielgruppen zu erreichen und zu begeistern. Dabei soll klar festgehalten werden, dass durch die neuen Technologien keine bestehenden Medien ersetzt, sondern diese erweitert und ergänzt werden. Marketing- und PR-Verantwortliche bekommen durch AR/MR zusätzliche Werkzeuge für crossmediale und integrierte Kommunikation.

*Kommunikationsinstrumente*

Vernetzungseffekte sind ein integraler Bestandteil des Kommunikationsuniversums World Wide Web. Content, Werbung, Merchandising –

## Warum profitieren digitale Kommunikation und Mobile Marketing von AR/MR?

insbesondere in Digital- und Mobile-Medien verlaufen die Grenzen zwischen Information und Werbung fließend.

Durch Augmented und Mixed Reality wird die Verschmelzung unterschiedlicher Kommunikationsdisziplinen zusätzlich gefördert. Denn durch die crossmedialen Möglichkeiten werden Brücken geschlagen und Content-Inseln über alle Bereiche der Kommunikation hinweg verbunden. Bezüglich einer übergreifenden Unternehmenskommunikation kann man daher sagen: Wer moderne Medien aus dem digitalen und mobilen Werkzeugkasten einsetzt, der sollte die Vorteile der disziplinübergreifenden Instrumente zu nutzen wissen.

### Kommunikation gestern und heute

Wie gelangen Botschaften und Informationen von einer Person zur anderen? Ganz einfach gesagt: durch Kommunikation – also durch die Übertragung und den Austausch von Informationen. Dazu bedarf es neben einem Sender eines oder mehrerer Empfänger (auch Rezipienten genannt).

Medienschaffende, Marketing- und PR-Verantwortliche kommunizieren unterschiedlichste Inhalte an ihre Zielgruppen: Produktinformationen, Botschaften des Unternehmens, Werbung, Geschichten, unterhaltende Elemente etc. Zusammengefasst sprechen wir von Content.

Für die Übertragung des Contents von Mensch zu Mensch ist ein Kommunikationskanal erforderlich. Der Sender kann seine Informationen via Sprache, über einen Code oder mit Zeichen an den oder die Rezipienten übertragen. Unterschieden wird zwischen verbaler Kommunikation und nonverbaler Kommunikation (welche über Gestik und Mimik erfolgt).

Abb. 24:
Darstellung eines Kommunikationsprozesses
Quelle: Eigene Darstellung (2017)

In den meisten Fällen kommunizieren Unternehmen nicht durch persönliche Gespräche, sondern nutzen Medien als Content-Träger. Dabei ersetzen diverse Kommunikationskanäle (z. B. Webseiten, Veranstaltungen, Printmedien) die Sprache.

Die heutige Medienlandschaft bietet nun eine kaum überschaubare Vielfalt an Kommunikationsmöglichkeiten. Durch die Fragmentierung der Medien und die rasante Entwicklung der Online-, Mobile- und Digitalmedien hat sich das Nutzerverhalten nachhaltig verändert. Wie eine aktuelle Studie zur Mediennutzungsdauer von ARD und ZDF[1] zeigt, ge-

## Kommunikation im digitalen Medienzeitalter

winnt das Internet und die mobile Kommunikation rasant an Bedeutung. Gleichzeitig sinkt bei den Konsumenten das Interesse am Medium Print. Insbesondere aktuelle Nachrichten, Produktinformationen und -vergleiche werden immer häufiger online und mobil konsumiert. Ein Blick in die Studie verrät, wie sehr sich die mobile Internetnutzung in den vergangenen zehn Jahre verändert hat.

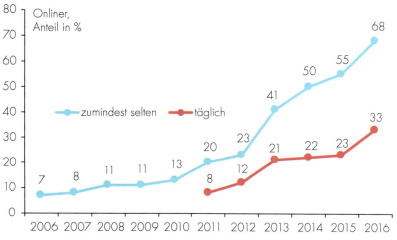

Abb. 25: Internetnutzung unterwegs 2006 bis 2016 – zumindest selten bzw. täglich
Quelle: ARD/ZDF-Online-Studie (2014 bis 2016)[1]

Noch vor 30 Jahren informierten sich die Konsumenten ausschließlich über Fernsehen, Radio, Zeitungen und Magazine. Inzwischen haben nicht nur die Fernseh- und Radiokanäle durch private Anbieter zugenommen, sondern auch die Zeitungs- und Zeitschriftenlandschaft hat sich verändert. Anfang des neuen Jahrtausends wurde der Printmarkt noch mit Fachmagazinen überschwemmt. Inzwischen sind sogar renommierte Tageszeitungen wie z. B. die Financial Times Deutschland von der Bildfläche verschwunden.

### Vom Informationsangebot zur Informationsflut

Entscheidend für die veränderte Medienlandschaft ist die Entwicklung des Internets sowie die daraus resultierenden neuen digitalen Medien. Die kommerzielle Phase des Internets begann 1990. Im Jahr 1993 lief lediglich 1 Prozent des weltweiten Informationsflusses der Telekommunikationsnetze über das Internet. Rund 51 Prozent waren es 2000 und 2007 deckte das Internet bereits 97 Prozent ab.[2]

Mittlerweile gibt es eine unüberschaubare Vielzahl an Medienkanälen im Online- und Digitalbereich: Blogs, Foren, Communities und vor allem das Social Web – z. B. Facebook, Twitter, Google+, Instagram, Netzwerke wie XING und LinkedIn. Podcasts und Vodcasts können konsumiert und ganze Videokanäle auf YouTube erstellt werden.

veränderte Medienlandschaft

## Warum profitieren digitale Kommunikation und Mobile Marketing von AR/MR?

Die folgenden Zahlen sollen einen Überblick und ein Gefühl für das Wachstum und das damit verbundene Informationsangebot im Internet geben:

2017 gibt es weltweit insgesamt über eine Milliarde Websites. Dabei handelt es sich lediglich um die Websites an sich, nicht um einzelne Seiten innerhalb eines Webauftritts. 2007 waren es noch ungefähr 120 Millionen Websites. Innerhalb von zehn Jahren hat sich die Anzahl also fast verzehnfacht.[3]

Im Jahr 2016 waren weltweit schätzungsweise 4,6 Milliarden E-Mail-Konten von rund 2,7 Milliarden Nutzern in Gebrauch. Durchschnittliche geschäftliche E-Mail-Nutzer sendeten und erhielten rund 123 E-Mails pro Tag.[4]

Noch mehr Zahlen gefällig?

**Pro SEKUNDE werden weltweit … (Stand Mai 2017)[3]**

- 7.600 Tweets auf Twitter abgesetzt
- 780 Fotos auf Instagram hochgeladen
- 1.200 Tumblr-Post erstellt
- 3.000 Skype-Anrufe gemacht
- 44.750 GB kreuz und quer im Internet versendet
- rund 60.000 Google-Suchanfragen getätigt
- 69.000 YouTube-Videos angeschaut
- 2,5 Mio. E-Mails versendet

…

*Informationsflut*

Diese beispielhafte Auswahl soll verdeutlichen, welch enorme Informationsflut allein aus dem Internet und den Web-2.0-Medien generiert wird. Jeden Tag prasselt eine Unmenge an selektiv wichtigem und unwichtigem Content auf uns ein. Hinzu kommen die „traditionellen" Massenmedien wie Fernsehen, Radio und Presse, wir führen Gespräche, gehen auf Veranstaltungen …

Jedes Medium, jeder Kanal, jedes Kommunikationsinstrument – und damit auch sämtliche Marketing- und PR-Arbeit – versucht, die Aufmerksamkeit der Zielgruppen zu bekommen. Es herrscht ein regelrechter Aufmerksamkeitskonkurrenzkampf. Denn es geht darum, andere sendende Organisationen und deren genutzte Medien auszubooten, um die eigenen Botschaften möglichst wirkungsvoll platzieren zu können.

*Aufmerksamkeitskonkurrenzkampf*

### Digital und Mobile auf dem Vormarsch

Gute Chancen auf Aufmerksamkeit hat neben TV alles, was digital aufbereitet und online bzw. mobil verfügbar ist. Denn Online- und Digitalmedien haben durch ihre permanente und häufig kostenlose Verfügbarkeit und Aktualität einen hohen Stellenwert erlangt. Dies ist ei-

## Kommunikation im digitalen Medienzeitalter

ner der Hauptgründe für die Schwierigkeiten der Printmedien – für welche der Leser im Normalfall immer noch zahlen muss. Verstärkt wird diese Entwicklung noch durch die vereinfachte Informationsaufnahme multisensualer Kommunikation. Es findet also zumindest eine teilweise Verschiebung von Print- zu Digitalmedien statt.

multisensuale Kommunikation

Die Entwicklung von Mobilgeräten (insbesondere Smartphone und Tablet) hat unser Nutzungsverhalten ebenfalls sehr stark geprägt. Vor 20 Jahren war die Internetnutzung noch auf den PC beschränkt und fand zum größten Teil am Arbeitsplatz statt. Mittlerweile nutzen in Deutschland bereits mehr als zwei Drittel der über 14-Jährigen das Internet mit einem Smartphone und auch die Tablet-Nutzer legen Jahr für Jahr rasant zu.[1]

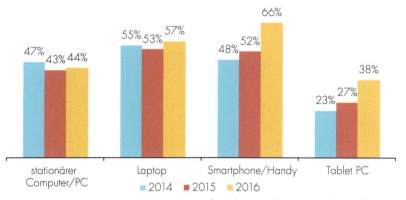

Abb. 26:
Internetnutzung der über 14-Jährigen (Mehrfachnennungen waren möglich)
Quelle: ARD/ZDF-Online-Studie (2014 bis 2016)[1]

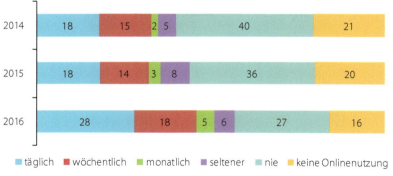

Abb. 27:
Häufigkeit der mobilen Internetnutzung ab 14 Jahre
Quelle: ARD/ZDF-Online-Studie (2014 bis 2016)[1]

Die Digitalisierung unseres Alltags und unsere Affinität für Onlineinhalte ist unaufhaltsam dabei, unsere Gewohnheiten in puncto Informationsaufnahme zu verändern.

Informationsaufnahme

Noch wissen wir nicht allzu viel über die Zusammenhänge zwischen verändertem Leseverhalten und Informationsaufnahme. Klar scheint jedoch, dass onlineaffine Leser sprunghaft Informationen überfliegen. Auch lassen sich Leser auf Onlinemedien schneller ablenken als auf mobilen Geräten, wie die Neurowissenschaftlerin Maryanne Wolf in einem Essay für Harvard Business beschreibt.[5]

## 2. Wie nehmen Menschen Content wahr?

Die Revolution der Digital- und Onlinemedien verändert nicht nur die Medien. Auch die Konsumenten verändern ihr Verhalten und passen es an. Ein verändertes Nutzerverhalten hat wiederum Einfluss auf die weitere Entwicklung der Medien. Et voilà – der Kreislauf von Medienentwicklung, Content-Wahrnehmung und Medienkonsum schließt sich wieder.

*Wahrnehmungsprozess* — Um zu verstehen, wie Menschen Informationen wahrnehmen und warum die Rezipienten ihr Verhalten ändern, ist es essentiell, den Wahrnehmungsprozess zu verinnerlichen. Darin liegt nämlich der Grundstein für die Wahrnehmungsvorteile von Augmented und Mixed Reality. Denn jegliche Gestaltung derartiger Applikationen orientiert sich an den *Informationsverarbeitung* grundlegenden Funktionen der menschlichen Informationsverarbeitung.

„Wahrnehmung lässt sich definieren als ein bio-psycho-sozialer Vorgang, durch den der Mensch Informationen aus seiner Umwelt (äußere Wahrnehmung) und aus seiner emotional-psychischen Welt (innere Wahrnehmung, Gefühlswelt) erhält und sich daraus seine individuelle Wirklichkeit gestaltet (Welt-Sicht)."[6]

*Reize* — Grundsätzlich lässt sich eine innere und eine äußere Wahrnehmung unterscheiden. Die Erforschung, wie Reize über die verschiedenen Sinne des Menschen wahrgenommen und verarbeitet werden, ist Bestandteil der äußeren Wahrnehmung. Von außen aus der Umwelt kommende Sinnesreize werden dabei über die Rezeptoren des Sinnesorgans (z. B. das Auge) an das entsprechende Zentrum (in diesem Fall das Sehzentrum) des Gehirns weitergeleitet (Rezeptorzellen sind sensible Neuronen oder Sinneszellen, die einen Reiz aufnehmen und in eine Nervenerregung umsetzen).[7]

*Sinne* — Grundsätzlich kennt die menschliche Wahrnehmung fünf Sinne:

### DIE FÜNF SINNE

- Sehsinn (visuell)
- Hörsinn (akustisch)
- Tastsinn (haptisch)
- Riechen (olfaktorisch)
- Schmecken (gustatorisch)

Seh- und Hörsinn können aufgrund ihrer Wichtigkeit auch als höhere Sinne eingeordnet werden.[8]

## Unser Gehirn lernt aus der Informationsflut

Durch die zunehmende Medienflut und die Medienfragmentierung entsteht bei den Rezipienten eine Informationsüberlastung bei der Wahrnehmung. Einfach ausgedrückt: Es strömen zu viele Informationen auf uns ein, als dass wir diese einordnen und verarbeiten könnten. Das meiste kommt also erst gar nicht bei uns an.

*Medienfragmentierung*

War früher die Medienauswahl auf Konsumenten – wie auch auf Unternehmensseite auf einige Kanäle beschränkt, so kann in der modernen Medienlandschaft aus einem kaum überschaubaren Angebot ausgewählt werden.

Das ist übrigens nicht erst seit gestern so. Amerikanischen Studien zufolge lag beispielsweise das Informationsangebot in den USA bereits zwischen 1980 und dem Jahr 2000 im Schnitt jährlich 260 Prozent über der Zunahme des Informationskonsums.[9]

Rezipienten selektieren Content, weil der Informationsaufnahmespeicher im menschlichen Gehirn begrenzt ist. Damit Botschaften ankommen, müssen sie die selektiven Prozesse und filternden Elemente durchbrechen. Dafür sind bestimmte Voraussetzungen notwendig – wie Aufmerksamkeit, Involvement und Aktivierung.

*selektive Prozesse*

## Kombination mehrerer Sinne

In der visuellen Kommunikation steht der Sehsinn im Vordergrund, ergänzt durch akustische Informationen. Augmented und Mixed Reality kombinieren einen weiteren Sinn: die Haptik. Dabei geht es um sensorische und motorische Aktivitäten. Die haptische Wahrnehmung ermöglicht den Nutzern, Objekte zu erfühlen – beispielsweise deren Größe, Oberflächenstruktur oder Konturen.

*Haptik*
*sensorische und motorische Aktivitäten*

### SINNE DER HAPTISCHEN WAHRNEHMUNG

- ▶ taktile Wahrnehmung (Oberflächensensibilität)
- ▶ kinästhetische Wahrnehmung (Tiefensensibilität)
- ▶ Temperatur- und Schmerzwahrnehmung

In der Wahrnehmungspsychologie ist es üblich, den Tastsinn in taktiles und haptisches Wahrnehmen aufzuteilen. Bei der taktilen Wahrnehmung, dem passiven Berühren eines Gegenstands, spielt das Erkunden eine Rolle.[8] Dabei wird beispielsweise festgestellt, ob etwas warm oder kalt ist. Die Wahrnehmung erfolgt über unterschiedliche Rezeptoren, die in verschiedenen Regionen der Haut vorhanden sind.

## Warum profitieren digitale Kommunikation und Mobile Marketing von AR/MR?

Die haptische Wahrnehmung – das aktive Tasten – erspürt das Material, die Oberfläche und vor allem die Form von Gegenständen. Zu den Empfindungen der Haut kommt hier die eigene Bewegung des Körpers hinzu, bekannt als Kinästhesie oder Propriozeption.

„Das Zusammenspiel von taktilem und haptischem Wahrnehmen dient einerseits dem Erkunden und ist andererseits Voraussetzung des Handhabens von Gegenständen."[8]

Etwas zu erkennen, es wahrzunehmen, ist eine Sache. Dies bedeutet nicht gleichzeitig, dass es für uns interessant ist und wir uns damit beschäftigen. Nachdem unsere Sinne einen Reiz aufnehmen, entscheidet unser Gehirn, ob wir uns mit den Inhalten bewusst befassen.

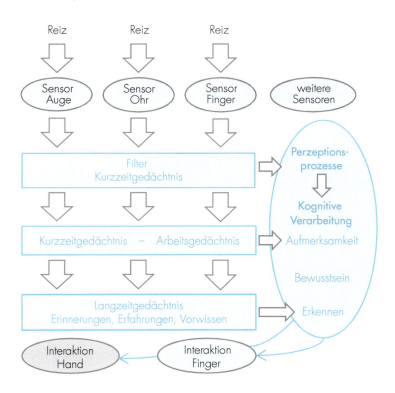

Abb. 28:
Stufen der Wahrnehmung
Quelle: Eigene Darstellung, in Anlehnung an Dahm (2005)[10]

Gelangen die Reize in unser Bewusstsein und lösen sie eine Handlung aus? Gelingt es mithilfe von AR/MR, den Content an den Filtern vorbei ins Bewusstsein zu bringen und den Benutzer zur Interaktion zu verführen? Neben vorhandenem Wissen und bereits gemachten Erfahrungen spielt die Aktivierung des Organismus eine entscheidende Rolle (→ Kapitel 3, S. 76). Gleichzeitig müssen wir es dem User so einfach wie möglich machen, dass er sich intensiv mit unseren Inhalten befassen kann. Dazu gehört neben interessantem und nützlichem Content ein intuitives Bedienkonzept. In → Kapitel 5, S. 136 befassen wir uns näher mit den kognitiven Voraussetzungen, wenn wir die Themen User Interface und User Experience beleuchten.

Wenn wir Gegenstände erkunden oder bedienen, dann berühren wir die Objekte (sensorisch) und bewegen sie (motorisch). Um zu erlernen, wie Produkte funktionieren und wie sie sich bedienen lassen, ist das aktive Erkunden und Bewegen wesentlich.

Dies ist ein zentraler Vorteil von Augmented und Mixed Reality, denn die Inhalte werden nicht nur passiv konsumiert, sondern sie werden mit mehreren Sinnen erfasst und lösen durch Interaktion und Animation motorische Aktivitäten aus. Sie werden also bewusst wahrgenommen und erlebt.

Visuelle und haptische Inhalte ergänzen sich. Was das Auge sieht, möchte die Hand ergreifen. Der Benutzer ist dabei eingebunden und gestaltet den Content selbst mit. Obwohl die dargestellten virtuellen Objekte nicht wirklich berührt werden, entsteht durch die Möglichkeit von Drehen und Klicken eine haptische Wahrnehmung des Gegenstands.

Noch intensiver als bei bisherigen AR-Anwendungen auf Smartphones und Tablets entsteht dieser Eindruck mit Mixed-Reality-Brillen, mit denen sich der Anwender um die Hologramme bewegen und mit ihnen interagieren kann. Das aktive Bewegen und das Erkunden unterschiedlicher Perspektiven schaffen eine neue Qualität der Wahrnehmung. Im Gegensatz zur virtuellen Welt bewegt sich der Nutzer nach wie vor in der realen Umgebung und empfindet es daher auch als realistischer.

Ein Buch – also ein haptischer Gegenstand – lässt sich mit Augmented Reality digital erweitern. Gelingt es, Bewegtbilder oder dreidimensionale Objekte mit dem Buch zu verknüpfen, können bis zu drei Sinne (in diesem Beispiel Sehen, Hören und Tasten) aktiviert werden. In der Erweiterung von gedruckten Medien mit Augmented Reality kann demzufolge von einer Kombination aus haptischen und digitalen Elementen gesprochen werden.[11] Physische Informationen werden durch computergenerierte Signale ergänzt und erweitert. Häufig wird von einer erweiterten Wahrnehmung gesprochen: der Augmented Perception.[12] Bei genauerer Betrachtung entspricht dies eher dem, was Augmented Reality ist. Die Erweiterung findet auf dem Display des Mobilgeräts und in unserer eigenen Wahrnehmung der Realität statt.

Augmented Perception

Diese Form der Verknüpfung der Online- und Offlinewelt wird beispielsweise beim multisensorischen Lernen eingesetzt. Weil beim Betrachter mehrere Sinne angesprochen werden, führt dies zu einer intensiveren Informationsspeicherung und dadurch zu einer höheren Erinnerungsfähigkeit.[13]

Der gesteigerte Nutzen durch multisensuale Ansprache wird in der Multisensorik-Forschung deutlich, die mittlerweile in der Hirnforschung an

Bedeutung gewonnen hat. Der Neuromarketing-Forscher Hans-Georg Häusel beispielsweise beschreibt, dass sich die verschiedenen Wahrnehmungskanäle gegenseitig beeinflussen und dass Botschaften, die zeitgleich über verschiedene Wahrnehmungskanäle eingespielt werden, vom Gehirn um ein Mehrfaches verstärkt werden. Dieser Effekt wird in der Neurowissenschaft *Multisensory Enhancement* genannt.[14]

*Multisensory Enhancement*

Für die Konzeption von Augmented und Mixed Reality sind Seh-, Hör- und Tastsinn die wichtigsten Sinne. Die Wahrnehmung des in den Anwendungen enthaltenen Contents findet über Augen, Ohren und Hände (bzw. Haut) statt.

## 3. Visuelle Kommunikation mit Augmented und Mixed Reality

Im Gegensatz zu Sprache oder Text können mit den Medien der visuellen Kommunikation mehrere Sinne gleichzeitig angesprochen werden. Welche Vorteile sich dadurch ergeben, beschreiben die renommierten Verhaltensforscher Werner Kroeber-Riel und Franz-Rudolf Esch. Sie sehen den Nutzen für die Konsumenten darin, dass sie sich bei der Aufnahme und Verarbeitung von Bildern weniger anstrengen müssen.

Multisensuale Instrumente schaffen also einen größeren Erlebnis- und Unterhaltungswert gegenüber rein sprachlichen Informationen.[9] Damit kann im Marketing- und PR-Bereich eine stärkere Aktivierung der Konsumenten erzielt werden.

Geht es um die Informationsaufnahme, so hat Bildkommunikation Vorteile im Vergleich zu Textkommunikation. Umso mehr, wenn Unternehmen mit ihren Botschaften Emotionen auslösen wollen.[15]

Visuelle Kommunikation eignet sich besonders gut für die emotionale Ansprache der Zielgruppen. Wer zum Ziel hat, Framings und Marken zu gestalten, der bedient sich deshalb vorzugsweise auch der Instrumente Bild und Bewegtbild.

„Der sprachliche Ausdruck, gefährliche Klapperschlange entfaltet weniger emotionale Kraft als die Abbildung der Schlange."[16]

Bei logischen Darstellungen oder abstrakten Zusammenhängen kann man jedoch auch mit Bildkommunikation an Grenzen stoßen. In solchen Fällen können verschiedene Kommunikationsmittel kombiniert werden. Ein Bild kann zur Erklärung schwieriger Zusammenhänge mit einem Text ergänzt werden. Dasselbe schaffen Audioeinspielungen beim Bewegtbild. Der Vorteil zeigt sich in einer sehr differenzierten Ansprache der Rezipienten – Bild für visuell geprägte Menschen, Schrift für textorientierte Nutzer.

## Visuelle Kommunikation mit Augmented und Mixed Reality

Um Informationen zu übertragen wie in einem Geschäftsbericht und um gleichzeitig verständlich und unterhaltend zu kommunizieren, setzt Augmented Reality die passenden Elemente ein: Bild, Bewegtbild, Audio, Text und 3D-Modelle. So können je nach Ziel eher unterhaltsame oder wissensvermittelnde Anwendungen geschaffen werden. Entsprechend werden komplexe Vorgänge mit virtuellen Objekten und zusätzlich mit Audioeinspielungen oder Texthinweisen versehen.

### 3D-Kommunikation mit virtuellen Objekten

Augmented und Mixed Reality bieten die Möglichkeit, virtuelle, dreidimensionale Objekte einzublenden – ein Möbelstück, ein Auto, ein ganzes Gebäude, ja jegliche Gegenstände der realen Welt.

Die virtuellen Objekte sind in der realen Umgebung nicht vorhanden, die Realität wird digital erweitert. Ein Beispiel dafür sind die virtuellen Eisbären in → Abb. 29, die in die reale Umgebung eingeblendet und auf mobilen oder stationären Bildschirmen sichtbar werden.

Abb. 29:
Virtuelle Eisbären in Arctic Home von Coca-Cola und WWF
Quelle: Appshaker (2013)

Die virtuellen Inhalte sollten sich möglichst nahtlos in die reale Umgebung einfügen, damit der Betrachter beides als Einheit wahrnimmt. Während das Bild in einem Printmedium lediglich zweidimensional erscheint, bietet die Einbindung virtueller Objekte den Vorteil einer dreidimensionalen Erscheinung.

Ein weiteres Beispiel der Einbindung virtueller Objekte zeigt → Abb. 30. Hierbei handelt es sich um ein virtuelles Model eines IKEA-Sessels, der mithilfe einer App aus dem Katalog abgerufen werden kann. So bekommen Kunden eine bessere Vorstellung davon, wie ein Möbelstück in den eigenen vier Wänden wirkt.

## Warum profitieren digitale Kommunikation und Mobile Marketing von AR/MR?

Abb. 30:
3D-Modell eines
IKEA-Sessels
Quelle: Eigene
Darstellung (2017)

Interaktive Kundenansprache am Point-of-Sale, die gesamte Angebotspalette visuell darstellen und erlebbar machen (obwohl im Laden nicht ausreichend Platz vorhanden ist oder einige Produkte noch gar nicht erhältlich sind): Man braucht nicht lange darüber nachzudenken, welche Vielzahl an Möglichkeiten sich durch den Einbezug virtueller Einblendungen für unsere Branche ergeben.

virtuelle Einblendungen

### Mehr Aufmerksamkeit schaffen

Wir sind bereits vorher darauf eingegangen: Wir befinden uns permanent in einem unerbittlichen Aufmerksamkeitskonkurrenzkampf. Marketing- und PR-Instrumente müssen also so gestaltet sein, dass sie auffallen, um die Botschaften an die Zielgruppen zu bringen.[17] Durch Augmented

Aufmerksamkeits-
konkurrenzkampf

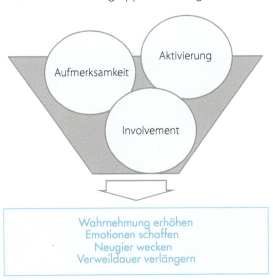

Abb. 31:
Wirkungs- und Wahrnehmungsbeeinflussung
Quelle: Eigene
Darstellung, in Anlehung
and Berzler (2009)[17]

und Mixed Reality kann mit multisensualer Ansprache durch Kombination verschiedener Sinne eine höhere Aufmerksamkeit erreicht werden. Betrachten wir dazu die drei Bausteine Aktivierung, Aufmerksamkeit und Involvement etwas genauer.

Aufmerksamkeit ist der Beginn des Wahrnehmungsprozesses. Das bedeutet: Der permanente Fluss unbewusst registrierter Reize wird durch Zuwendung zu einem Reiz unterbrochen.[17] Der Mensch konzentriert sich also auf bestimmte Stimuli und Reize, die dadurch eine größere Chance haben, im Gedächtnis zu bleiben.

*Aufmerksamkeit*

„Mit Aufmerksamkeit werden alle Formen der Selektion erklärt: von der Wahl eines Mediums und einer bestimmten Sendung bis zur Beachtung bestimmter Inhalte und der Fixation auf ein konkretes Bildareal."[18]

Häufig wird in der visuellen Kommunikation die Aufmerksamkeit mit Farben, Geräuschen oder Emotionen geschaffen (reizgesteuerte Aufmerksamkeit). Die kognitive Psychologie spricht dabei von Bottom-up-Attention, bei der die Stimuli angesprochen werden.[19]

*Emotionen*
*Bottom-up-Attention*

Daneben gibt es eine fokussierte Aufmerksamkeit, die vom Menschen selbst gesteuert ist und durch Bedürfnisse, Erwartungen und Interessen geweckt wird.[9] Bei der Top-down-Attention wird der Content bewusst wahrgenommen, weil z. B. bestehende Erwartungen oder vorhandenes Vorwissen angesprochen werden.

*Top-down-Attention*

Kontext-sensitive Informationen sind für unsere Belange also äußerst interessant, weil die Wahrnehmung intensiviert werden kann, wenn Inhalte in einem konkreten Zusammenhang zu der Situation stehen, in der sich der Rezipient in dem Moment unmittelbar befindet. Und AR/MR ermöglichen genau dies – die Einblendung von Zusatzinformationen in Echtzeit und im Kontext zur realen Umgebung.

*kontext-sensitiv*

„Aktivierung ist eine Grunddimension aller Antriebsprozesse. Es handelt sich dabei um einen Erregungsvorgang, durch den das Individuum leistungsbereit und -fähig wird."[20]

Eine kommunikative Botschaft kann bei Empfängern verschiedene Wirkungen verursachen. Zunächst beruhen diese beispielsweise auf bisherigen Erfahrungen, dem vorhandenen Wissen und der Einstellung auf Rezipientenseite. Es gibt aber auch Faktoren, mit denen sich die Wirkung von Marketing- und PR-Arbeit in bestimmtem Maße beeinflussen lässt. Dazu sind aktivierende Elemente und das bereits erwähnte Involvement notwendig.

Aktivierungsprozesse

Je nach Aktivierungsgrad zeigt sich, wie wach, reaktionsbereit und leistungsfähig der Organismus ist. Aktivierungsprozesse gliedern sich wie folgt:[10]

## AKTIVIERUNGSPROZESSE

- **Aktivierende Vorgänge** führen zu Erregung und bestimmen, ob und in welchem Maße ein Individuum aktiv wird.
- **Kognitive Reizprozesse** werden als Informationsverarbeitung bezeichnet. Informationen werden aufgenommen, verarbeitet und gespeichert.

### Von der Aufmerksamkeit zur Begeisterung

Durch aktivierende Prozesse und Reize kann die Aufmerksamkeit vorübergehend erhöht werden. Aktivierung ist deshalb auch eine Voraussetzung für Aufmerksamkeit. Je größer die Aktivierungskraft eines Kommunikationsinstruments ist, desto mehr steigen dessen Chancen, von den Rezipienten beachtet und genutzt zu werden. Dasselbe trifft auch auf den eingesetzten Content zu. Die folgenden Reize stehen für eine Aktivierung zur Verfügung:[21]

Reize

## REIZE

- **Physisch intensive Reize**
  Darunter fallen z. B. die Größe, grelle Farben, laute Geräusche und intensive Gerüche.
- **Emotionale Reize**
  Gemeint sind Schlüsselreize wie Liebe, Glück, Geborgenheit, Freiheit, Neugier etc., die beim Empfänger biologisch vorprogrammierte Reaktionen auslösen sollen, sodass er weitgehend automatisch erregt wird.
- **Gedanklich-überraschende Reize**
  Hierbei handelt es sich vor allem um eine Aktivierung durch neuartige, überraschende und widersprüchliche Reize. Der Empfänger wird dadurch zum Nachdenken angeregt. Diese Form von Reizen wirkt in der Regel nicht so automatisch wie die anderen beiden, weil die Botschaft zuerst entschlüsselt werden muss.

Involvement

Unter Involvement versteht man das Engagement, mit dem sich jemand einem Gegenstand oder einer Aktivität zuwendet.[9] Für die Bereiche Marketing, Medien und Kommunikation geht es darum, in welchem Maße sich jemand der Kommunikation, also den gesendeten Botschaften und Inhalten, zuwendet. Ein geringes Involvement (Low Involvement) bedeutet, dass die Rezipienten die angebotenen Informationen lediglich mit geringer Aufmerksamkeit aufnehmen.

Reize, welche wir mithilfe von Kommunikationsinstrumenten schaffen, wirken allerdings nur auf das reizabhängige Involvement, welches das Verhalten der Rezipienten in geringerem Maße beeinflusst als das von eigenen Interessen gesteuerte und situationsbedingte Involvement. Daher sollte man darauf achten, dass die Kommunikation so gestaltet ist, dass beispielsweise die aktivierenden Elemente einer Anzeige oder einer Broschüre die Aufmerksamkeit der Rezipienten auf die wichtigsten Inhalte des Instruments lenken, z. B. auf die Kernaussage, die Botschaft oder den Slogan.

Die Chance auf eine stärkere und längere Wahrnehmung bei den Rezipienten und damit folglich auf eine wirkungsvolle Kommunikation ist abhängig davon:[21]

- ob Emotionen hervorgerufen und emotionale Erlebnisse geschaffen werden, z. B. durch die Ansprache mehrerer Sinne,
- ob die Botschaft oder deren Darstellung unerwartet und neuartig ist, z. B. durch den Einsatz virtueller Objekte,
- ob bessere Erlebniswelten konstruiert werden.

Auf den ersten Blick scheinen gedanklich-überraschende Reize wie geschaffen für Augmented und Mixed Reality, welche neuartige Formen der visuellen Darstellung ermöglichen. Aber Achtung: Die Neuartigkeit sollte eher zweitrangig sein, wenn es um die Wahl des geeigneten Kommunikationsmediums geht. Der Fokus sollte klar auf den Interaktionsmöglichkeiten und dem daraus resultierenden hohen Involvement liegen. Denn hier liegen die Stärken von AR/MR. Die überraschenden Reize sorgen vor allem kurzfristig für große Aufmerksamkeit und aktivieren somit den Benutzer. Dann gilt es aber, die Rezipienten mit emotionalen Reizen einzubinden und sie in Erlebniswelten zu versetzen – also eine spielerische Art der Informationsvermittlung und eine entsprechende Usability und Didaktik, orientiert an der Aktivierung im Gaming-Bereich.

## LESETIPPS

- Sternberg, Robert/Mio, Jeff (2008): Cognitive Psychology. Andover/Great Britain: Cengage Learning
- Alem, Leila/Huang, Weidong/Livingston, Mark (2013): Human Factors in Augmented Reality Environments, Springer Verlag
- Kroeber-Riel, Werner/Esch, Franz-Rudolf (2015): Strategie und Technik der Werbung; Verhaltenswissenschaftliche und neurowissenschaftliche Erkenntnisse. Kohlhammer, Edition Marketing.

## Anmerkungen

[1] ARD/ZDF (2016): ARD/ZDF-Onlinestudie 2016. Abgerufen am 24.4.2017 von http://www.ard-zdf-onlinestudie.de/fileadmin/Onlinestudie_2016/0916_Koch_Frees.pdf
[2] Hilbert, Martin/López, Priscila (2011): The World's Technological Capacity to Store, Communicate, and Compute Information. In: Science. 332 (6025), S. 60–65, doi: 10.1126/science.1200970.
[3] Internetlivestats (2017): Total number of websites. Abgerufen am 07.04.2017 von http://www.internetlivestats.com/total-number-of-websites/
[4] Radicati Group (2015): Email Statistics Report, 2015-2019. Abgerufen am 07.04.2017 von http://www.radicati.com/wp/wp-content/uploads/2015/02/Email-Statistics-Report-2015-2019-Executive-Summary.pdf
[5] Wolf, Maryanne (2014): Our 'Deep Reading' Brain: Its Digital Evolution Poses Questions. Niemann Foundation for Journalism at Harvard. Abgerufen am 01.05.2017 von http://www.nieman.harvard.edu/reports/article/102396/Our-Deep-Reading-Brain-Its-Digital-Evolution--Poses-Questions.aspx
[6] Kulbe, Annette (2009): Grundwissen Psychologie, Soziologie und Pädagogik: Lehrbuch für Pflegeberufe. Stuttgart: W. Kohlhammer Verlag.
[7] Online-Enzyklopädie für Psychologie und Pädagogik: Wahrnehmung. Abgerufen am 01.05.2017 von http://lexikon.stangl.eu/4674/wahrnehmung/
[8] Schönhammer, Rainer (2009): Einführung in die Wahrnehmungspsychologie: Sinne, Körper, Bewegung. Stuttgart: UTB Verlag.
[9] Kroeber-Riel, Werner/Esch, Franz-Rudolf (2011): Strategie und Technik der Werbung; Verhaltenswissenschaftliche und neurowissenschaftliche Erkenntnisse. 7. vollst. überarb. Aufl. Stuttgart: Kohlhammer.
[10] Dahm, Markus (2005): Grundlagen der Mensch-Computer-Interaktion. Auflage: 1. München u.a.: Addison-Wesley Verlag.
[11] Mehler-Bicher, Anett/Reiß, Michael/Steiger, Lothar (2011): Augmented Reality Theorie und Praxis. München: Oldenbourg Verlag.
[12] Hugues, Olivier; Fuchs, Philippe; Nannipieri, Olivier (2011): New Augmented Reality Taxonomy: Technologies and Features of Augmented Environment. In: Furht, Borko. Handbook of Augmented Reality, Springer.
[13] Max-Planck-Gesellschaft (2015): Lernen mit allen Sinnen. Abgerufen am 19.05.2017 von https://www.mpg.de/8930937/vokabel-lernen-gesten
[14] Häusel, Hans-Georg (2008): Neuromarketing. Erkenntnisse der Hirnforschung für Markenführung, Werbung und Verkauf. Planegg/München: Haufe Verlag.
[15] Khazaeli, Cyrus Dominik (2005): Systemisches Design, Intelligente Oberflächen für Information und Interaktion. Reinbek: Rowohlt Taschenbuch Verlag.
[16] Kroeber-Riel, Werner (1993): Bildkommunikation. Imagerystrategien für die Werbung. München: Vahlen.
[17] Berzler, Alexander (2009): Visuelle Unternehmenskommunikation: Beiträge zur Medien- und Kommunikationsgesellschaft. Innsbruck: Studienverlag.
[18] Ballstaedt, Steffen-Peter (2005): Kognition und Wahrnehmung in der Informations- und Wissensgesellschaft. In: Kübler, Hans-Dieter/Elling, Elmar (Hrsg.) Wissensgesellschaft. Neue Medien und ihre Konsequenzen. Berlin: Bundeszentrale für politische Bildung, S. 1–15.
[19] Sternberg, R. J./Mio, J. (2008): Cognitive Psychology. 5. Auflage, Andover/Great Britain: Cengage Learning.
[20] Kroeber-Riel, Werner/Weinberg, Peter/Gröppel-Klein, Andrea (2008): Konsumentenverhalten. 9. Auflage, München: Vahlen.
[21] Reiner, Olbrich (2006): Marketing: Eine Einführung in die marktorientierte Unternehmensführung. 2. Auflage, Springer-Verlag Berlin, Heidelberg.

# Kapitel 4
# Wie können Augmented und Mixed Reality bestehende Kommunikations- und Marketinginstrumente erweitern?

**UM DAS GEHT'S!**

- Stationär, mobil oder Smart Glasses: Welche Möglichkeiten haben wir?
- In welchen Feldern/Branchen lässt sich AR/MR erfolgreich einsetzen?
- Content und Konzept: Was macht einen guten Case aus?
- Welche Benefits ergeben sich für User und Unternehmen?

## 1. Stationär, Mobile oder AR-Brille: Viele Wege führen zum „guten" Case

Im Folgenden haben wir diverse Best-Practice-Beispiele zusammengetragen – aufgeteilt in verschiedene Anwendungsfelder. Bevor wir diese genauer betrachten, hier noch kurz etwas zu den verschiedenen Möglichkeiten für das passende Ausspielmedium (stationär, mobile, AR/MR-Brille).

Ein großer Vorteil stationärer Anwendungen besteht darin, dass Benutzer meist ein bereits fertig konfiguriertes System vorgesetzt bekommen – sie also von optimal aufeinander abgestimmten Systemkomponenten profitieren. Bislang war die Leistung stationärer Systeme meist besser als beim Einsatz von Smartphones oder Tablets. Allerdings spielt das heute nur noch in sehr speziellen Fällen eine Rolle – beispielsweise bei der Nutzung von Gestensteuerung. Mehr und mehr Hersteller, wie Google, Lenovo, Huawei, Asus, Samsung und vermutlich auch bald Apple, verbauen leistungsfähige Komponenten, die auf die Bedürfnisse von AR und MR abgestimmt sind.

Trotz aller Glasses-Euphorie werden wir uns noch ein paar Jahre mit Mobilgeräten befassen – wenn auch mit verbesserten Varianten à la Google Project Tango. Der große Vorteil von Mobilgeräten beim Ein-

*Best-Practice-Beispiele*

*Ausspielmedium*

### Wie können AR und MR bestehende Kommunikations- und Marketinginstrumente erweitern?

satz von Augmented Reality, verglichen mit stationären Terminals, ist die Möglichkeit zur Nutzung unterwegs – sei es durch visuelles Tracking oder durch Location-based Services (LBS). Außerdem folgt es dem Bring-your-own-device-Ansatz (BYOD), weil quasi jeder eines hat und Unternehmen darum keine Geräte bereitstellen müssen.

*Bring-your-own-device (BYOD)*

Viel häufiger als die Frage „Stationär oder mobile?" stellt sich jetzt die Frage „Mobile oder Glasses?". In der Praxis werden wir damit quasi täglich konfrontiert – insbesondere mit dem Argument „Hands-free". Betrachtet man die Lage realistisch, dann bedeutet „Glasses" aktuell in den meisten Fällen „HoloLens". Keine andere AR-Brille wird derzeit häufiger für Showcases und Anwendungen genutzt als das Gerät aus dem Hause Microsoft. Das wird sich aber in Kürze ändern – wer alles noch in den Startlöchern steht, haben wir bereits in den vorhergehenden Kapiteln vorgestellt.

*Wearable Computing*

Wearable Computing ist das Tech-Trendwort der vergangenen Jahre. Verstanden wird darunter ein Feld, das sich mit der Entwicklung von tragbaren Computersystemen beschäftigt, die in Form von Brillen und Uhren bzw. in Kleidungsstücke oder Accessoires integriert sind und die während der Anwendung komfortabel am oder auf dem Körper getragen werden können. Der Grundgedanke hinter Wearables ist in allen Fällen der gleiche: Angestrebt wird eine nahtlose Integration von funktioneller Elektronik in unser tägliches Leben, die Versorgung mit relevantem Content, abgestimmt auf die Situation, in der wir uns befinden. Auf das Schlagwort „kontextbezogen" gehen wir in → Kapitel 5, S. 134 noch näher ein.

*Wearables*

Smartwatches, Datenbrillen, smarte Kontaktlinsen, Schmuck, E-Textilien – ja sogar unter die Haut oder in Tattoos implantierte Mikrochips: Experimentiert wird mit vielem. Doch vieles davon ist noch Zukunftsmusik. Das Konzept von Augmented Reality in Verbindung mit Wearables ist aber alles andere als neu – um an dieser Stelle nochmals auf das Sword of Damocles von Sutherland zu verweisen (→ Kapitel 1, S. 29). Denn es liegt auf der Hand:

*Smartwatches*
*E-Textilien*
*Mikrochips*

## PRAXISIMPULS

Datenbrillen, die dem Nutzer die Inhalte per Augmented und Mixed Reality direkt im Sichtfeld anzeigen, haben den Vorteil, dass der Träger nicht erst sein Smartphone zücken muss, um den Content zu sehen. Noch ein Vorteil: Man hat die Hände frei, was beispielsweise bei interaktiven Anleitungen oder im Tourismus ein starkes Argument ist.

Es ist faszinierend zu sehen, wie schnell sich die Brillen entwickeln. Ließen sich mit den ersten Modellen vor zwei, drei Jahren kaum vernünftige

Business-Cases realisieren, so wurde das Potenzial mittlerweile klar erkannt. Jetzt geht es nicht mehr darum, ob sich AR- und MR-Brillen überhaupt eignen, sondern vielmehr dreht sich jetzt alles um die Praxistauglichkeit, den Tragekomfort, das Aussehen und den Preis.

Perfekt sind die Glasses noch nicht. Für Brillenträger mangelt es bei einigen Modellen an optischer Korrektur, die Brillen sind meist noch zu schwer und auch der Tragekomfort lässt stark zu wünschen übrig.

Sollen Brillen für Unternehmens-Cases eingesetzt werden, dann sind auch soziale Aspekte zu beachten: Die Kamera zeichnet den eigenen Blick auf. Das will sicherlich nicht jeder. Dazu kommt, dass man mit manchen Brillen schon sehr ungewöhnlich aussieht – und das Umfeld belustigt darauf reagiert. Wir haben mittlerweile alle wichtigen Datenbrillen getestet: von Google Glass und Epson Moverio über Vuzix, ODG und ReconJet bis zu Meta 2 und HoloLens. Die genannten Aspekte treffen mehr oder weniger auf alle Geräte zu.

*die wichtigsten Datenbrillen*

## 2. Anwendungsmöglichkeiten

### Point-of-Sale

> **PRAXISIMPULS**
>
> Gerade im Handel sind Kaufentscheidungen stark von Produkterlebnissen getrieben, welche Kunden am Point-of-Sale (POS) haben. Für Konsumgüterhersteller bietet AR/MR die interessante Möglichkeit, Produkte effektiv in Szene zu setzen, indem diese vor dem Kauf ausprobiert werden können, beziehungsweise deren Einsatz in einer realen Situation vorgeführt wird.[1]

*Point-of-Sale*

So können bei stationären Anwendungen in einem Laden Produkte, Verpackungen (oder andere Marker) vor einen Bildschirm gehalten werden, um so digitale Elemente (in vielen Fällen 3D-Modelle) auszulösen, mit denen der Benutzer interagieren kann (→ Lego, → Nike iD Augmented).

Aber auch für Shopping zu Hause am eigenen Rechner werden solche Anwendungen gerne eingesetzt – und das aus einem einfachen Grund. Die Produkte werden für Kunden erlebbarer, als wenn sie einfach ein Bild davon sehen und sich keine genaue Vorstellung davon machen können. Obwohl sie die Produkte zu Hause zwar immer noch nicht halten oder berühren können, wird versucht, sie so nahe wie möglich an das physische Produkterlebnis in einem Laden heranzuführen. Gerade im Onlineversandhandel steckt natürlich Kalkül dahinter: Denn je genauer sich Kunden zu Hause über bestimmte Artikel informieren können, desto geringer fällt die Rücksendungsquote aus. Für Online- und

*physisches Produkterlebnis*

*Onlineversand*

**Wie können AR und MR bestehende Kommunikations- und Marketinginstrumente erweitern?**

Retail

Versandhändler ist das ein sehr wichtiger Faktor, denn Retouren steigern die Personal- und Prozesskosten und wirken sich negativ auf den Umsatz des Unternehmens aus.[2]

Aber auch mobile AR- und MR-Systeme werden im Retail-Bereich häufig eingesetzt. Der Konkurrenzkampf unter Konsumgüterherstellern ist gewaltig. Mehr und mehr Werbung prasselt auf die potenziellen Kunden ein und lässt diese zunehmend unempfindlich werden gegenüber traditionellen Marketingmethoden. Wer also seine Produkte weiterhin an den Mann oder die Frau bringen will, muss sich neue und innovative Methoden einfallen lassen, um Aufmerksamkeit zu erregen. Die Herausforderung liegt darin, näher an den Kunden heranzutreten – sich in sein Bewusstsein zu drängen. Nur: Wie?

Marketingkampagnen

Ein Lösungsansatz liegt (sprichwörtlich) auf der Hand und wurde auch bereits von vielen erkannt: über Mobilgeräte. Schließlich ist das Smartphone zu unserem täglichen Begleiter geworden. Ohne verlässt heute kaum noch jemand das Haus. Aus diesem Grund richten mittlerweile viele Brands ihre Marketingkampagnen gezielt auf Mobile aus – und Augmented Reality kann hier ein sehr interessantes Tool darstellen (→ L'Oréal-Case).

## LEGO DIGITAL BOX – ANIMIERTE VERKAUFSPACKUNGEN

### Ziele und Inhalte
Kunden interessiert, was in einer Verkaufspackung steckt – ganz besonders im Spielwarenhandel. Größe, Lieferumfang, Farben: Kaufentscheidungen im Handel sind stark vom Produkterlebnis getrieben, welches der potenzielle Käufer am Point-of-Sale hat. Im Idealfall möchten die Kunden das Produkt zumindest in die Hand nehmen können, um es von allen Seiten zu betrachten. Lego nutzt Augmented Reality, um die Produkte und deren Eigenschaften darzustellen und so Information mit Faszination zu verbinden. Für die Händler bedeutet dies, dass sich die Käufer intensiver mit den Produkten befassen, wodurch die Kaufabsicht gestärkt wird.

Abb. 32:
Lego Digital Box am Point-of-Sale
Quelle: Metaio

### Benefit
- Interaktive Kundenansprache am Point-of-Sale
- Visuelle Darstellung von Packungsinhalten und Produkteigenschaften
- Käufer aktiv einbinden und Kaufabsicht stärken

### Unternehmen
Lego Group

### Umsetzung
Metaio, 2009

## NIKE ID AUGMENTED – NEUE SNEAKER-STYLES ENTDECKEN

### Ziele und Inhalte
Auch der amerikanische Sneaker-Gigant Nike hat Augmented Reality für sich entdeckt. Kunden können sich seit einiger Zeit einzelne Modelle (AirMax, LunarEpic Low, Cortez) visuell maßschneidern. Dafür wurden im Flagship-Store an der Avenue des Champs-Élysées in Paris zwei stationäre Anwendungen aufgestellt. Ein weißer Sneaker wird in das Video-Mapping-Device gelegt und der User kann dann auf dem integrierten Touch-Screen verschiedene Designs und Farben auswählen, welche in Echtzeit auf den Schuh projiziert werden. Wird das Gerät mehr als 30 Sekunden nicht genutzt, startet ein Demo-Modus und die Station wird zu einem stylischen Austellungsobjekt.

Abb. 33:
Virtuelles Sneaker-Customizing
Quelle: SmartPixels

### Benefit
- Individuelle Produktgestaltung mit Live-Preview
- Abholen junger Zielgruppen
- komplette Produktvielfalt kann präsentiert werden

### Unternehmen
Nike

### Umsetzung
SmartPixels, 2016

## L'ORÉAL MAKE UP GENIUS – VIRTUELLES SCHMINKERLEBNIS

### Ziele und Inhalte
2014 präsentierte L'Oréal Paris die App Make Up Genius – ein virtueller Make-up-Simulator für Smartphone und Tablet. Damit können zahlreiche Beauty-Produkte von L'Oréal Paris (Lippenstifte, Eyeliner, Lidschatten etc.) einzeln oder in Kombination auf dem eigenen Gesicht getestet werden – wie in einem virtuellen Spiegel. Dank sehr gut gemachter Facetracking-Technologie passen sich die ausgewählten Produkte auch den Mimiken und Bewegungen an. Die verschiedenen Looks können fotografiert/gefilmt und mit Freunden geteilt werden. In der Rubrik „How to" gibt es zudem diverse Lern-Clips, um verschiedene Looks nachzuschminken. Ebenfalls Bestandteil der App: Beschreibungen der einzelnen Produkte inklusive Shop-Anbindung, wo man diese auch gleich bestellen kann.

Abb. 34:
App statt Spiegel:
Make Up Genius
Quelle: L'Oréal Deutschland

### Benefit
- Beauty-Produkte können vor dem Kauf individuell am eigenen Gesicht getestet werden
- Kaufentscheidungen beeinflussen durch schnelle Produktprobe
- Einfacher Bestellvorgang durch Shop-Anbindung

### Unternehmen
L'Oréal

### Umsetzung
L'Oréal Research and Innovation, 2014

### Live-Präsentationen/Projection Mapping

> **PRAXISIMPULS**
>
> Bei Live-Präsentationen erweisen sich stationäre Anwendungen als äußerst nützlich: Dadurch lassen sich auch Produkte und Gegenstände visualisieren, die häufig aufgrund von Größe, Gewicht oder auch wegen Sicherheits- oder Transportproblemen nicht vorgeführt werden können.

*Live-Präsentationen*

Früher war das nur via Bild oder Video möglich. Durch AR und MR kann nun aber auch mit den Objekten interagiert werden. Bei einer Live-Präsentation beispielsweise wird der Moderator von einem Kamerasystem erfasst und der Livestream mit virtuellen Objekten angereichert. Das entstehende Gesamtbild wird dann für die Zuschauer auf eine Leinwand oder einen Großbildschirm projiziert. Der Moderator kann nun während der Präsentation mit den virtuellen Objekten „spielen" – sie also z. B. aus verschiedenen Perspektiven zeigen, hinein- oder wieder herauszoomen etc. (→ Dongfeng Nissan). Gerade für Unternehmen und Organisationen mit erklärungsbedürftigen Produktportfolios oder Strukturen bietet sich so die Möglichkeit, komplexe Sachverhalte verständlich darzustellen und zu visualisieren. Übrigens wird diese Technik auch von einigen Fernsehsendern genutzt. Ein gutes Beispiel hierfür ist Sky TV (→ Sky TV).

*Hologramm-Darstellung*

Die neuen AR- und MR-Brillen ermöglichen auch für Präsentationen stärker immersive Varianten, in denen mehrere Personen gleichzeitig Inhalte betrachten können – ohne sich dafür am selben Ort befinden zu müssen. Eine Hologramm-Darstellung von Objekten im Raum ermöglicht es, Präsentationen, Produktvorstellungen oder Meetings virtuell abzuhalten. An der Build-Konferenz 2017 von Microsoft haben die Redmonder in einem Showcase für die HoloLens bereits ein solches Konzept vorgestellt. In der „Holoportation" sieht man nicht nur den Content, sondern auch andere Teilnehmer in Form von virtuellen Avataren (→ Microsoft).

*Projection Mapping*

Ein weiteres interessantes Anwendungsfeld ist das sogenannte Projection Mapping – eine Projektionsart, bei der Bilder und Animationen auf reale Gegenstände projiziert werden (→ Cleveland Cavaliers). So verändern sich mit lichtstarken Projektoren Oberflächen von Objekten und Gegenstände geben plötzlich einen Blick ins Innere frei.

## DONGFENG NISSAN – AR-LIVE-PRÄSENTATION

### Ziele und Inhalte
Dongfeng Nissan setzte für den China-Launch des neuen Teana auf eine innovative Präsentation auf Basis von Augmented Reality. Damit konnte dem Publikum ein detail- und maßstabsgetreues Produkterlebnis geboten werden. Während der Vorführung wurde ein virtuelles Abbild des Teana auf die Bühne projiziert und mittels AR interaktiv vor den Augen der Messebesucher inszeniert. Dazu wurden die Bewegungen des Moderators auf der Bühne in Echtzeit getrackt und mit virtuellen Szenen kombiniert.

Abb. 35:
Mit AR kann auch das Innenleben des Teana visualisiert werden.
Quelle: Printscreen YouTube-Video, Dassault Systèmes 3DEXCITE

### Benefit
- Interaktive Live-Präsentation mit Onstage-Tracking des Moderators
- Detaillierte und maßstabsgetreue Visualisierung
- Produkt wird für das Publikum emotional erlebbar

### Unternehmen
Dongfeng Nissan

### Umsetzung
Dassault Systèmes 3DEXCITE (ehemals RTT), 2013

## SKY SPORT – VIRTUELLE MANNSCHAFTSAUFSTELLUNG

### Ziele und Inhalte
Was normalerweise auf einem 2D-Display angezeigt wird, bringt Sky im Sportkanal virtuell ins Stadion. Bei der Mannschaftsaufstellung werden die übergroßen Portraits der Fussballspieler mithilfe von Augmented Reality in die Live-Szenerie des passenden Stadions „gestellt". So werden den Zuschauern vor dem TV-Bildschirm Informationen zu den Spielern geliefert und gleichzeitig ist im Hintergrund die Live-Atmosphäre des Fussballstadions zu sehen. Sky Sport erreicht damit eine emotionalere Vorstellung der Teams und kann im Live-Bild-Modus bleiben.

Abb. 36:
Mannschaftsaufstellung von Borussia Dortmund im Stadion
Quelle: Eigene Aufnahme

### Benefit
- Statische TV-Übertragung wird in ein interaktives Erlebnis verwandelt
- Emotionale Vorstellung der überlebensgroßen Spielerportraits schafft mehr Aufmerksamkeit
- Stadionatmosphäre bleibt dennoch spürbar

### Unternehmen
Sky AG

### Umsetzung
Sky AG, 2017

Anwendungsmöglichkeiten

## MICROSOFT – VIRTUELLE KONFERENZEN UND PRÄSENTATIONEN

**Ziele und Inhalte**
Konferenzen und Präsentationen können heutzutage bereits mit Tools wie Skype live übertragen werden. Beim Videostreaming am Bildschirm ist aber ein gemeinsames Erkunden und Erleben von Content nicht bzw. nur eingeschränkt möglich. „Holoportation" ist eine neue Art von 3D-Capture-Technologie, welche es erlaubt, hochqualitative Modelle von Personen zu rekonstruieren, zu komprimieren und in Echtzeit an einen anderen Ort zu übermitteln. Kombiniert mit einer MR-Brille wie die HoloLens, können User mithilfe der Technologie andere Personen in 3D sehen (also in Form eines Avatars) und mit ihnen interagieren. Die Teilnehmer befinden sich quasi im selben Raum und haben das Gefühl, präsent zu sein.

Abb. 37:
Teleportation in Echtzeit mit der HoloLens
Quelle: Used with permission from Microsoft

**Benefit**
- Ermöglicht (auch kurzfristig) kollaborative Präsentationen und Meetings mit Teilnehmern, die sich an verschiedenen Orten befinden
- Ermöglicht gleichzeitiges Erkunden und Erleben von Content
- Spart Zeit und Geld

**Unternehmen**
Microsoft

**Umsetzung**
Microsoft, 2017

Wie können AR und MR bestehende Kommunikations- und Marketinginstrumente erweitern?

## PROJECTION MAPPING: LEINWAND OHNE GRENZEN

### Ziele und Inhalte
Im Frühjahr 2014 arbeitete die Firma Quince Imaging mit dem bekannten Basketball-Team Cleveland Cavaliers zusammen für eine besondere Form von Live-Event. Mithilfe von 3D-Mapping-Technologie und bestehendem Videomaterial des Teams wurde die Oberfläche des Basketballfelds und am Spielfeldrand positionierte Bildschirme als immersive Videoumgebung genutzt. Die Videoinhalte wurden dabei mit den grafischen Designelementen des Spielfelds überlagert. Die Zuschauer wurden aufgefordert, ihren Gedanken und Impressionen zur Show durch Live-Tweets Ausdruck zu verleihen. Diese wurden wiederum auf zwei großen, über der Arena angebrachten Bildschirmen übertragen.

Abb. 38:
Durch Projection Mapping wird das Basketballfeld zur Leinwand.
Quelle: Quince Imaging

### Benefit
▶ Oberflächen jeglicher Art können als Videoprojektionsflächen genutzt werden
▶ Statische Objekte erhalten eine neue Dimension und können gekonnt in Szene gesetzt werden
▶ Viraler Effekt, da Zuschauer ihre Begeisterung in ihrem sozialen Netzwerk teilen wollen

### Unternehmen
Cleveland Cavaliers

### Umsetzung
Quince Imaging, 2014

**Anwendungsmöglichkeiten**

## Messen/Museen/Ausstellungen

Neben der Visualisierung von komplexen Sachverhalten bietet AR/MR einen weiteren großen Mehrwert: Durch die Möglichkeit zur Interaktion können Nutzer aktiv eingebunden und so in multisensuelle Erlebniswelten versetzt werden.

Bei Messen ist der Konkurrenzkampf meist groß. Unzählige Besucher drängen sich um diverse Messestände und jeder Anbieter buhlt um die Aufmerksamkeit der Besucher. Daher sind immer innovativere Auftritte gefragt, welche die Standbesucher verblüffen und faszinieren, für eine positive Mund-zu-Mund-Propaganda sorgen und in der Folge noch mehr Publikum herbeilocken.

*Messen*

*Mund-zu-Mund-Propagand*

Auf einem bereitgestellten Terminal, Tablet oder einer Datenbrille ein Produkt „röntgen", selber konfigurieren, Farben verändern, ganze Anlagen neu positionieren – so lassen sich neue Perspektiven entdecken und auch Teile betrachten, die normalerweise nicht sichtbar sind. Unbeteiligte Zuschauer wiederum können an den Aktionen Einzelner teilhaben, indem man das Geschehen zusätzlich auch noch auf einen Großbildschirm überträgt (→ BMWi8).

Museen und Kunstausstellungen haben oft Mühe, junge Zielgruppen anzulocken. Denn der Besuch einer verstaubten Ausstellung ist den meisten Digital Natives einfach zu langweilig und zu wenig innovativ. Die verwöhnte Kundschaft möchte etwas aktiv erleben können.

*Kunstausstellungen Museen*

### PRAXISIMPULS

Das Zauberwort heißt also Infotainment. Durch die Verschmelzung von Information und Entertainment (siehe auch Flow-Theorie in → Kapitel 5, S. 133) soll ein packendes Bindeglied zwischen On- und Offsite geschaffen werden, sodass das multisensuale Erlebnis bei den Besuchern einen bleibenden Eindruck hinterlässt.

*Infotainment*

Aber nicht nur die Besucher profitieren von den neuen Möglichkeiten. Denn gerade Dauerausstellungen stellen die Kuratoren oft vor Herausforderungen. So macht es wenig Sinn, für die gleichen Objekte immer wieder neue Ausstellungsarchitekturen zu entwerfen. Mit AR/MR kann man jedoch zu den Exponaten eine neue Metaebene hinzufügen (→ Gallery One).

Bislang konnte die Position von Mobilgeräten nur über GPS oder durch Signalauswertungen benachbarter WIFI-Stationen bestimmt werden. Der Umstand, dass diese Signale innerhalb von Gebäuden häufig geblockt werden, warf daher beim Indoor-Einsatz von Augmented Reality häufig Probleme auf. Mittlerweile existiert aber auch dafür eine Lösung und zwar in Form sogenannter Beacons – kostengünstige

*Beacons*

**Wie können AR und MR bestehende Kommunikations- und Marketinginstrumente erweitern?**

Hardwareteile, die klein genug sind, um sie problemlos an eine Wand oder sonstige Oberflächen heften zu können.[3]

Bluetooth Low Energy (BLE)

Dabei handelt es sich um kleine Sender (das englische Wort „Beacon" bedeutet übrigens übersetzt „Leuchtturm"), welche auf Bluetooth Low Energy (kurz BLE) basieren – also einer wesentlich akkuschonenderen Version von Bluetooth. Und damit können Mobilgeräte auch innerhalb von Gebäuden lokalisiert werden, in die kein GPS-Ortungssignal dringt oder es zu schwach ist, als dass damit die nötige Genauigkeit erzielt werden kann.

Damit ein Mobilgerät Beacons in seiner Umgebung wahrnehmen und auf diese reagieren kann, muss es allerdings auch mit BLE ausgestattet sein. Die großen Player haben bereits vor einiger Zeit auf die erweiterten Möglichkeiten reagiert. So unterstützt das Betriebssystem Android BLE ab der Version 4.3.[4], iOS seit Ausgabe 5 mit dem Core-Bluetooth Framework.[5]

Wer sich bezüglich des Datenschutzes Sorgen macht, kann aufatmen: Der Beacon selbst empfängt keine Daten und baut auch keine Bluetooth-Kopplung mit dem Mobilgerät auf. Seine Funktion besteht einzig darin, seiner Umgebung permanent spezifische Identifikationsnummern mitzuteilen.[6]

Mit eingeschalteter Bluethooth-Funktion kann das Mobilgerät die Signale des Beacons zwar empfangen (bis zu einer Entfernung von 30 Metern). Für die Auswertung benötigt man aber eine spezielle App, welche die Signale des Beacons verstehen und entsprechende Aktionen auslösen kann. Dadurch, dass der Benutzer des Mobilgerätes diese zuerst downloaden muss, behält er also die Kontrolle darüber, was er zulassen will und was nicht.

Es könnte durchaus sein, dass Beacons künftig die Art und Weise, wie Detailhändler, Unternehmen, Eventmanager, Bildungs- und Kulturinstitutionen etc. mit Leuten innerhalb von Gebäuden kommunizieren, maßgeblich verändern. Gut möglich ist auch, dass sie in ein paar Jahren fester Bestandteil von Hausautomationssystemen sind.

Einmal mehr hinkt Europa auch bezüglich des Einsatzes von Beacons den USA hinterher. Dort werden solche bereits von Einzelhändlern eingesetzt, um Kunden mit Informationen zu Produkten, Angeboten oder zu Flash Sales zu versorgen und zudem die Kaufabwicklung durch kontaktlose Zahlungssysteme zu beschleunigen.[7]

Als Alternative zu Beacons beim Indoor-Mapping werden wir schon bald ein 3D-Mapping nutzen können, das vergleichbar ist mit der bereits vorgestellten Tango-Technik sowie dem Visual Positioning Service (VPS) von Google. Sobald Smartphones mit 3D-Kameras ausgestattet sind und über die entsprechende Software verfügen, sind sie in der Lage, unsere Umgebung zu erkennen und unsere Position darin zu bestimmen – ohne GPS, WIFI oder Beacons. Das wird uns völlig neue Szenarien erlauben (→ Lowe's).

### PRAXISIMPULS

Fest steht: Ob auf Flughäfen oder Bahnhöfen, auf Messen, in Shoppingcentern oder in Museen – durch Tango-Technologie, VPS und vergleichbare Systeme wie Beacons ergeben sich spannende Möglichkeiten, die bis jetzt technisch nicht oder nur schwer umzusetzen waren.

## BMW I8 MIT DER GOOGLE GLASS ENTDECKEN

### Ziele und Inhalte

Laserlicht, Carbon, Plug-in-Hybridantrieb: Das sind die innovativen Merkmale des BMW i8. Dafür wollte die Marketingkommunikation von BMW eine ebenso innovative Präsentation des Fahrzeugs gewährleisten. An mehreren deutschen Flughäfen konnte der i8 mit der Google Glass erkundet werden. Fünf verschiedene Perspektiven wurden ermöglicht, darunter ein Cube, der den Innenraum visualisiert, eine Überlagerung des realen Fahrzeugs mit Motor und Antriebsstrang sowie eine Windsimulation. Das Konzept bot zu jedem Punkt zunächst eine AR-Sicht, danach ein Video und anschließend eine Wissenskarte zur Wiederholung der Produktmerkmale. Die Nutzer wurden dabei immer von einem erfahrenen Promoter begleitet, der sie durch die einzelnen Schritte mit der Google Glass führte.

Abb. 39:
Einblendung von Motor und Antriebsstrang auf der Google Glass
Quelle: Vectorform

### Benefit
▶ Produktinnovationen einem breiten Publikum präsentieren
▶ Innovative Technologie nutzen, um den BMW i8 vorzustellen und Faszination dafür zu wecken
▶ Marke emotional aufladen

### Unternehmen
BMW AG

### Umsetzung
Vectorform, Mediaplus, Serviceplan, 2014

## GALLERY ONE – KUNST TRIFFT TECHNOLOGIE

### Ziele und Inhalte
Bei einem Rundgang durch eine der Galerien des Cleveland Museum of Art können Besucher mit ausgewählten Kunstwerken interagieren. Die ArtLens-App nutzt AR, um Besucher vor Ort miteinzubeziehen. So können diese Kunstwerke mit ihrem Smartphone oder Tablet (iOS und Android) scannen und erhalten digitalen Content wie Erklärungen oder Videos zu den Exponaten. Mit ArtLens erleben Besucher Kunst auf eine ganz neue Art und Weise. Um den Einsatz in den Gebäuden zu gewährleisten, wurden überall in der Gallery One und in den Dauerausstellungen iBeacons installiert, zum einen, um die ortsbezogenen Informationen zu liefern, und zum anderen, um interaktive Karten im Stil von „Sie befinden sich hier" zu ermöglichen – ein Feature, das sich „Near you now" nennt. Letzteres unterstützt die Echtzeitorientierung und Navigation durch die Räumlichkeiten und informiert gleichzeitig über weitere Gelegenheiten, auf Informationen zu Ausstellungsobjekten in der näheren Umgebung zuzugreifen.

Abb. 40:
Per iBeacon gefunden und mit Augmented Reality entdeckt: Skulptur in der Gallery One
Quelle: Courtesy of the Cleveland Museum of Art

### Benefit
- Erhöhtes Besucherengagement durch ArtLens-App und AR
- Beacons lotsen den Besucher durch die Gallery One und geben ihm Orientierung
- Mit kontextbezogenen Informationen zu ausgewählten Exponaten können Ausstellungen mit einer Metaebene versehen werden

### Unternehmen
Cleveland Museum of Art

### Umsetzung
Cleveland Museum of Art, 2013

**Wie können AR und MR bestehende Kommunikations- und Marketinginstrumente erweitern?**

### Live-Events/Promotionskampagnen

Mittlerweile entdecken immer mehr Agenturen, von PR bis Werbung, die Werbewirksamkeit von AR/MR und nehmen die Technologien in ihren Werkzeugkasten auf. Was nicht weiter erstaunt, denn: Engagement, Interaktion, Überraschungsmoment, Personalisierung – die Schlagworte scheinen direkt aus einem Lehrbuch für Marketing entnommen zu sein.

Leider steht jedoch noch nichts in besagten Lehrbüchern darüber, was den sinnvollen Umgang damit betrifft. Denn trotz beinahe unerschöpflicher kreativer Möglichkeiten, welche sich durch die Technologien im Marketingbereich bieten, wurde hier gerade in den Anfangszeiten oft viel Schindluder betrieben.

Nach wie vor gibt es nur eine überschaubare Anzahl guter und durchdachter Anwendungen. Wir haben einige Cases ausgewählt, bei denen sich die Verantwortlichen auf die Stärken von AR/MR besonnen und sich diese zunutze gemacht haben (→ Urban Hunt, → Iron Man 3 → The Unbelievable Bus Shelter, → Arctic Home, → The Witness). Aber wir wollen hier nicht vorgreifen – schließlich beschäftigen wir uns im nächsten → Kapitel noch ausgiebig mit der Frage, was man beim Einsatz von AR/MR alles beachten sollte und wo er sich auch wirklich lohnt.

*Live-Events*

Live-Events beispielsweise stellen einen optimalen Weg dar, direkt und persönlich mit Zielgruppen in Kontakt zu kommen. Sie sind gut geeignet zur Imageförderung, Meinungsbildung und zur Vertiefung der Kundenbindung – wenn sie optimal geplant und perfekt inszeniert sind und den Teilnehmern in positiver Erinnerung bleiben.

*Erlebnisorientierung*
*Interaktivität*

Das Marketing-Tool zeichnet sich besonders durch Erlebnisorientierung und Interaktivität[8] aus – zwei Eigenschaften, für welche Augmented und Mixed Reality prädestiniert sind, wie wir bereits in → Kapitel 3 auf S. 75 gesehen haben.

*Markenführung*

Während sich unsere Welt immer schneller verändert, durchläuft auch der Bereich der Markenführung eine Metamorphose. Neue Technologien und Trends, sich rasant ausbreitende soziale Netzwerke, ein erbitterter Kampf um Aufmerksamkeit bei den informationsüberfluteten Zielgruppen – das Umfeld, in dem sich heute Unternehmen zu behaupten haben, wird immer komplexer und kompetitiver. Wie geht man damit um? Am besten, indem man versucht, sich ebendiese Hürden zunutze zu machen – also die Markenführung dem digitalen Zeitalter anzupassen.

*Imagetransfer*

Gerade Luxus-Brands stehen vor einer großen Herausforderung: Wie spricht man junge Zielgruppen an, ohne dabei das exklusive Gefühl der Marke zu verlieren? Bei diesem Imagetransfer – dem Spagat zwischen Exklusivität und Nahbarkeit – können innovative Technologien helfen. Insbesondere, wenn man sich auch neue Verbreitungswege zunutze macht. Ein Multiplayer-Game wie beispielsweise → Urban Hunt lebt von sozialen Netzwerken. Dessen waren sich auch die Verantwortlichen der Kampagne bewusst und suchten nach Wegen, wie sie – zusätzlich zu den vertrauten Verbreitungswegen – die Kommunikation gezielt auf Online- (Blogs, Foren etc.) und Social-Media-Kanäle ausrichten können. Heute hängt hier sehr viel von einzelnen Meinungsbildern ab. Das war der Grund, warum man sich dazu entschieden hat, für die Kampagne mit solchen reichweitenstarken Influencern zusammenzuarbeiten.

### PRAXISIMPULS

Influencer Marketing basiert auf dem Mechanismus der Mundpropaganda. Influencer machen eine Marke oder ein Produkt zum Gesprächsgegenstand, empfehlen dies ihrer Zielgruppe weiter und kreieren passende Inhalte zu den präsentierten Marken. Studien belegen einen größeren Einfluss persönlicher Empfehlungen auf das Konsumentenverhalten und -vertrauen im Vergleich zu allen anderen Werbeformen.[9]

*Influencer Marketing*

Wie können AR und MR bestehende Kommunikations- und Marketinginstrumente erweitern?

## URBAN HUNT – MIXED REALITY-MULTIPLAYER-GAME

### Ziele und Inhalte

Bereits im Sommer 2015 veranstaltete Mercedes-Benz unter dem Namen „Gross.Stadt.Jagd" einen Event in Zürich, an dem über 3.000 Personen teilnahmen. 2016 wurde die Spielanlage bei „Urban. Hunt" zusätzlich auf Lausanne ausgeweitet – und 10.000 Personen ließen sich zeitgleich durch die beiden Innenstädte jagen. Mit einem Ziel: Länger als alle anderen im Spiel zu bleiben und den Hauptpreis (ein GLC Coupé) in Empfang zu nehmen. Um teilzunehmen, mussten die Spieler vorher eine App herunterladen. Über GPS wurden die Standorte der einzelnen Spieler ausfindig gemacht und auf einer interaktiven Karte angezeigt. Kurz nach Spielbeginn machte sich der erste Jäger auf vier Rädern auf die Pirsch. Nun galt es, möglichst nicht in dessen Fangradius zu geraten. Auf dem Spielfeld waren verschiedene Checkpoints verteilt. In einigen war man für einige Minuten vor dem Jäger geschützt, in anderen erhielt man eines der begehrten „Healthpacks" mit zusätzlicher Lebensenergie oder „Power-ups", mit deren Hilfe man sich eine Weile unsichtbar machen oder andere Spieler und den Jäger sabotieren konnte.

Abb. 41:
Beim Multiplayer-Game Urban Hunt werden ganze Innenstädte zum Jagdrevier.
Quelle: Mercedes-Benz

Je länger das Spiel dauerte, desto schwieriger wurde es, sich nicht erwischen zu lassen. Weitere Jäger wurden losgelassen, deren Fangradien sich von einem Moment auf den anderen vergrößern konnten. Durch Naturkatastrophen wurden Gebiete plötzlich unpassierbar. Stürme zogen über das Spielfeld und vernichteten alle, die sich nicht rechtzeitig in Sicherheit bringen konnten.

### Benefit
▶ Innovatives Real-time-Game mit viraler Wirkung
▶ Tausende von Spielern können gleichzeitig teilnehmen
▶ Markenverjüngung
▶ Erreichung neuer Dialog- und Zielgruppen

### Unternehmen
Mercedes-Benz

### Umsetzung
JEFF Communications, Gbanga (Milform), 2015/2016

Anwendungsmöglichkeiten

## IRON MAN 3 – BECOME IRON MAN

### Ziele und Inhalte
Für die Promotionkampagne zum Film Iron Man 3 ließen Marvel und Walt Disney einen Augmented-Reality-Kiosk bauen und begeisterten damit Menschen in 13 Ländern. Auf einem 103-Zoll-Display konnten sich die Nutzer betrachten und in die Rolle des Filmhelden schlüpfen. Die komplette Steuerung fand mit einer Microsoft Kinect statt – per Gestensteuerung konnten Aktionen ausgeführt werde. Die Idee dahinter bestand darin, den Nutzern die Möglichkeit zu geben, einmal Iron Man zu spielen. Sie wurden in die Welt des Blockbusters versetzt und konnten hautnah erleben, was sonst nur Robert Downey Jr. auf der Kinoleinwand zeigt. Der AR-Kiosk schaffte Aufmerksamkeit und einen starken Bezug zum Film.

Abb.42:
Interaktive Erlebniswelt: Teilnehmer schlüpfen in Iron-Man-Rüstung
Quelle: Apache Solutions

### Benefit
▶ Nutzer schlüpfen in die Rolle des Filmhelden
▶ Starke Bindung an Film und Schauspieler
▶ Emotionen wecken und Erinnerungsmöglichkeiten schaffen durch Aufnahme von Fotos

### Unternehmen
Marvel UK, Walt Disney

### Umsetzung
Apache Solutions, 2013

## PEPSI – MIT DEM TIGER AN DER BUSHALTESTELLE

### Ziele und Inhalte

Für die Wartenden an einer Londoner Bushaltestelle hatte sich Pepsi einige Überraschungen ausgedacht. Das Display der Haltestelle in der New Oxford Street erschien als normale Glasscheibe. Was dadurch zu sehen war, löste jedoch Staunen aus: In einem Fall öffnete sich ein Kanaldeckel und ein riesiger Tentakel schnappte sich einen wartenden Passanten. Feurige Meteoriten oder UFOs rasten auf die Haltestelle zu und auch ein Tiger lief die Straße herunter. Diese Parallelrealität wurde mit Augmented Reality geschaffen. Nach wenigen Momenten realisierten die Menschen die Kamera, nutzten sie aber dann, um damit zu interagieren, und banden sich selbst in die Szenerie ein.

Abb. 43:
Die Scheibe einer Bushaltestelle gibt den Blick auf ankommende UFOs frei.
Quelle: Printscreen aus YouTube-Video von Pepsi

### Benefit
- Überraschungseffekt mit viraler Verbreitung
- Engagement der User
- Hohe Aufmerksamkeit für Pepsi Max

### Unternehmen
Pepsi

### Umsetzung
AMV/BBDO, OMD, Talon, 2014

## ARCTIC HOME – UNSERE WELT ERLEBEN

### Ziele und Inhalte
Coca-Cola und WWF erklärten in ihrem weltweiten Projekt Arctic Home, welchen Einfluss der Klimawandel auf die Arktis hat. Für den Projektstart im Januar 2013 wurde eine AR-Inszenierung im Science Museum in London entwickelt. Die Besucher befanden sich auf einer Eisscholle in der Arktis. Mithilfe von Augmented-Reality-Technologie wurden drei Eisbären neben den Teilnehmern eingeblendet. Auf einem großen Bildschirm sahen sich die Zuschauer dann gemeinsam mit den herumtollenden Eisbären. Durch den Einsatz spielerischer Elemente lassen sich so auch ernste und komplexe Themen auf interessante und interaktive Art erzählen.

Abb. 44:
Augmented-Reality-
Konzept Arctic Home im
Science Museum London
Quelle: Appshaker

### Benefit
- Interaktives und auf unterschiedliche Zielgruppen angepasstes Storytelling
- Besucher einbinden und für Themen/Anliegen begeistern
- Markenbindung durch emotionale Erlebniswelten

### Unternehmen
Coca-Cola, WWF

### Umsetzung
Appshaker, 2013

## THE WITNESS – LIVE-EVENT IN GAMING-MANIER

### Ziele und Inhalte
2011 führte die deutsche Produktionsfirma 13th Street Universal einen Live-Event in Form eines interaktiven Mobile-Games durch. Für die Teilnahme musste man sich online bewerben. Auf diejenigen, die ausgewählt wurden, wartete eine Mischung aus Real-Life-Game und Film. Der Plot: Die Russin Nadya hat Beweise gesammelt, um die üblen Machenschaften der Russischen Mafia aufzudecken, und hat vor, diese im Internet zu verbreiten. Nun schwebt ihr Leben in Gefahr, da sie von Drogendealern gekidnappt wurde. In einem Mix aus Live-Szenen mit Schauspielern und Videoclips begaben sich die Spieler auf eine Mission quer durch die Stadt Berlin – mit dem Ziel, das explosive Material und Nadya in Sicherheit zu bringen. Während des Spiels diente das Smartphone (mit speziell programmierter App) dazu, sich zu orientieren, Beweise zu sammeln und mit Verbündeten und Gegnern zu kommunizieren.

Abb. 45:
Ihre Mission führt die Teilnehmer des Live-Events an verschiedene Schauplätze in Berlin.
Quelle: Jung von Matt/Spree

### Benefit
▶ Verknüpfung von realen Begegnungen, Filmszenen und modernen Technologien für eine neue Art des Storytelling
▶ Live-Event für ausgewählte Teilnehmer, daher Exklusivitätsgefühl
▶ Virale Verbreitung, da Gäste das Erlebte mit ihrem Netzwerk teilen und zeigen wollen, dass sie dabei waren

### Unternehmen
13th Street Universal

### Umsetzung
Jung von Matt/Spree, 2011

## Anwendungsmöglichkeiten

### In Kombination mit Print und Verpackungsmaterial

Augmented Reality wird in verschiedenen Printsegmenten eingesetzt, um eine vielfältige Palette von Produkten mit zusätzlichem interaktivem und multimedialem Content zu erweitern.

Wie wir bereits in → Kapitel 3 auf S. 67 gesehen haben, hat gerade der Printbereich aufgrund der Entwicklung der digitalen Medien massiv an Bedeutung verloren. Nicht zuletzt wegen eines signifikanten Nachteils, den das Medium nun eben hat: Print ist statisch.

*Print*

Inhalte werden einmal ausgewählt, verwendet und können danach nicht dynamisch angepasst werden. Zudem lassen Printmedien praktisch keine Interaktion vonseiten der Leser zu.

Genau das ist es, was den Einsatz von Augmented Reality hier besonders spannend gestaltet. Denn mithilfe der Technologie lässt sich eben diese fehlende Verbindung zwischen Offline- und Onlinewelt schaffen.

> **PRAXISIMPULS**
>
> Durch AR kann das statische Medium Print mit aktualisierten Informationen, Beiträgen und Bildern ausgestattet und damit ein Printprodukt unabhängig von seiner Erscheinungshäufigkeit aktuell gemacht werden.

Vereinfachung und verständliche Darstellung spielen ebenfalls eine wichtige Rolle beim gedruckten Wort. Mit Augmented Reality können komplexe Texte, die viele Zahlen und Berechnungen enthalten, erweitert und einsichtig dargestellt werden. Zudem gibt sie Printproduzenten die Möglichkeit, den Lesern – im unmittelbaren Kontext bestimmter Artikel – einen Mehrwert in Form von zusätzlichen oder erweiterten Inhalten zu liefern. So kann beispielsweise bei Interesse mithilfe von Smartphone und Tablet das gesamte Interview angeschaut werden, welches nur auszugsweise abgedruckt wurde. Oder bei einer Filmkritik wird zusätzlich auf den Trailer verwiesen, damit der Leser nicht erst selber danach suchen muss.

Es gibt eine ganze Reihe von bekannten Zeitungen, Zeitschriften und Magazinen, die AR-Sequenzen in ihren Ausgaben nutzen oder genutzt haben – z. B. Esquire, Instyle, The Guardian, National Geographic, Welt, Stern, Le Figaro aber auch regionale Zeitungen wie der Weser Kurier.

Augmented Reality erweckt aber nicht nur redaktionelle Printerzeugnisse zum Leben. Auch Firmen nutzen die Technologie häufig in Verbindung mit Printwerbung oder Broschüren verschiedenster Art. Denn obwohl Letztere im Corporate Publishing schon vor Jahren von vielen wegen des Onlinebooms abgeschrieben wurden, haben sich traditionelle Printprodukte (Kundenmagazine, Mitarbeiterzeitschriften etc.) ihren festen Platz im Kommunikationsmix von Unternehmen bewahrt.

*Corporate Publishing*

### Wie können AR und MR bestehende Kommunikations- und Marketinginstrumente erweitern?

Eine Imagebroschüre z. B. kann durch AR mit einem Firmenvideo, einem Interview mit dem CEO, einer Verlinkung auf die Website, einer speziellen Landingpage oder zu den Social-Media-Kanälen des Unternehmens verbunden werden. Ebenso möglich sind Einblendungen von Zusatzinformationen wie Stellenanzeigen, Produktneuheiten (die im Gegensatz zu einem reinen Printmedium angepasst werden können).[10] Auch ein virtueller Rundgang durch die Firma kann für neue Mitarbeiter, Bewerber, Medien, Investoren, Anwohner etc. interessant sein.

Produktbroschüren (und natürlich auch Printwerbung in Zeitschriften) können wiederum genutzt werden, um Betrachtern ganz neue Zugänge zu einem Verkaufsgegenstand zu ermöglichen (→ Monarch Mountains, → IKEA, → BASF/Hyundai). So kann beispielsweise das Produkt als 3D-Element angeschaut und damit interagiert werden. Oder man bindet Kundenstatements nicht in Text, sondern in Videoform ein – was die Glaubwürdigkeit der Aussagen erhöht.

Häufig wird auch auf zusätzliche Informationen zu Produkten (z. B. Preistabellen) verlinkt und/oder Nutzern die Möglichkeit gegeben, diese direkt via Mobilgerät zu bestellen.

*Event-Tickets*

Manchmal werden auch Event-Tickets mit Markern versehen. Mit einem „AR-Ticket" können Sportfans dann beispielsweise bei Wartezeiten den Fan-Store besuchen, ein 3D-Modell des Stadions betrachten oder Video-Highlights anschauen. Die Tickets können aber auch mit allerlei praktischen Features versehen werden, welche die An- und Abreise erleichtern (Live-Updates zum Verkehrsaufkommen, zur Parksituation und die Möglichkeit, sich ein Taxi zu rufen usw.).[11]

#### PRAXISIMPULS

Der Einsatz von Augmented Reality in Kombination mit traditionellen Büchern ist ebenfalls sehr beliebt – beispielsweise für Reiseführer, Benutzerhandbücher, Sachbücher etc. So können bestimmte Stellen eines Buches mit Audiobeiträgen, 3D-Grafiken, Animationen oder anderen visuellen Informationen erweitert werden.

*Bücher*

Auch bei Kinderbüchern (→Les voyages fantastiques de Téo et Léonie) und -enzyklopädien wird Augmented Reality sehr gerne eingesetzt – was nicht weiter erstaunt. Denn wer den Kids von heute zuschaut, wie sie iPad und Computer bedienen, staunt nicht schlecht, wie intuitiv und angeboren das aussieht.

Während wir früher Bücher gewälzt haben, um unser Sonnensystem oder die Funktionsweise einer Dampfmaschine zu verstehen, wird heute das Tablet konsultiert. Mit der Visualisierung durch Augmented Reality ist beides möglich – Buch und Tablet. Noch immer quälen wir uns viel zu

## Anwendungsmöglichkeiten

oft durch unverständliche Bedienungsanleitungen. Das Bild in der Anleitung passt nicht zum Produkt – und jetzt? Mit Augmented Reality ist das Vergangenheit: Die Produktfeatures oder eine Schritt-für-Schritt-Anleitung kommt genau dahin, wo sie gebraucht wird: ans Produkt.

*Bedienungsanleitungen*

Das Buch als haptisches Produkt mit seinen raschelnden Seiten enthält die Inhalte und fühlt sich angenehm an. AR wiederum erweckt das Buch zum Leben und sorgt für interaktive Erlebnisse. Mit dem Resultat, dass Themen schneller erlernt werden. Denn was wir selbst erleben, prägen wir uns auch besser ein.

Durch Augmented Reality können Sachverhalte visuell verständlicher präsentiert und mehrere Sinne angesprochen werden. Die Kids setzen sich aktiv mit dem Lernstoff auseinander. Lernen wird zu einem Erlebnis und hat einen viel größeren Spaßfaktor.

Natürlich gilt das Gleiche für die digitale Aus- und Fortbildung von Erwachsenen. Denn gerade in Verbindung mit Datenbrillen bieten sich sehr interessante Möglichkeiten, wie Mechaniker oder Auszubildende auf interaktive Weise lernen, komplexe Systeme zu verstehen und zu reparieren.

Allerdings ist eines klar: Unser heutiges Bildungssystem ist noch nicht vorbereitet auf diese neue Art des Lernens. Die Kombination der verfügbaren Technologien mit didaktischen Konzepten zur Darstellung neuer Lernwelten stellt Bildungsträger vor neue Herausforderungen, wie es Erich Herber von der Donau-Universität Krems in seinem Artikel „Augmented Reality – Auseinandersetzung mit realen Lernwelten" beschreibt.[12] Demnach sind neben den Anforderungen an die Konzeption und Realisierung neuer Bildungskonzepte auch Investitionen in die Ausbildung der Lehrkräfte erforderlich. Es wird also noch seine Zeit brauchen, bis AR/MR als selbstverständliche Lehrmedien zur Verfügung stehen.

*Lernwelten*

Wie wir bereits gesehen haben: Die Einsatzmöglichkeiten von Augmented Reality in Kombination mit Printprodukten sind sehr vielfältig. Nicht vergessen wollen wir zum Schluss aber auch den Bereich der Produktverpackungen, welche ebenfalls mit Markern oder Bildern ausgestattet werden können, um AR-Szenen auszulösen (→ Lego).

*Produktverpackungen*

## PRAXISIMPULS

Was bis jetzt bloß als Mittel zum Zweck diente, bietet Unternehmen nun die Gelegenheit, neue Zugänge zu ihren Kunden zu schaffen. Ob mit Games, Rezeptvorschlägen, Promotionsaktionen etc. – über die Produktverpackung können Informationen zum Inhalt als Erlebnis gestaltet und Kunden auf emotionaler Ebene angesprochen werden.

### Wie können AR und MR bestehende Kommunikations- und Marketinginstrumente erweitern?

Mit AR lässt sich aber auch ein altbekanntes Problem mit Verpackungen lösen – wie der Virtual Box Simulator des US Postal Service zeigt. Die Problematik: Jemand möchte ein Paket versenden, weiß aber nicht, welche der erhältlichen Standardgrößen dafür am besten geeignet ist. Die Lösung: Mithilfe der Anwendung lässt sich die Paketgröße simulieren und überprüfen, in welchen Boxtyp das Versandgut hineinpasst. Das gleiche Prinzip ließe sich natürlich auch im B2B-Bereich in der Logistik einsetzen.[13]

Es bleibt abzuwarten, wie aufgeschlossen sich Konsumenten hinsichtlich des permanenten Gebrauchs von Mobilgeräten während des Einkaufs zeigen. IBM beispielsweise entwickelte den Digital Shopping Assistant – eine Applikation, welche detaillierte Informationen zu Produkten in den Ladenregalen liefert. Mithilfe von Bilderkennungstechnologie scannt die App die Verpackung, erkennt das Produkt in einer Cloud-Datenbank und liefert spezifische Informationen (Produktbeschreibungen, Nährwerttabellen etc.) dazu auf dem Smartphone-Screen.[14]

## MONARCH MOUNTAINS – MIT AR AUF DIE SKIPISTE

### Ziele und Inhalte
Monarch Airlines plante 2013, neue Ski-Destinationen in ihr Portfolio aufzunehmen und damit in den Wettbewerb zu etablierten Airlines zu treten. Um in Großbritannien Aufmerksamkeit zu erreichen und die neuen Routen zu promoten, kam AR als Teil der Direkt-Marketing-Kampagne zum Einsatz. An vorab definierte Zielgruppen wurde eine Box mit Infos geschickt, die per AR den Monarch Mountain visualisiert, wie er unten im Display zu sehen ist. Die Kampagne generierte einen Umsatz von umgerechnet 2,7 Millionen Euro, löste mehr als 8.000 Interaktionen auf sozialen Medien aus und wurde 2014 mit dem Digital Media Award ausgezeichnet.

Abb. 46:
Mit dem Mobilgerät und Augmented Reality den Monarch Mountain entdecken.
Quelle: WDMP, Blippar

### Benefit
- Aufmerksamkeit für neue Ski-Routen im Wettbewerb
- Knapp 22 % mehr Visits auf der Website
- 1.750 Unique User für die AR-Anwendung

### Unternehmen
Monarch Airlines

### Umsetzung
WDMP/Blippar, 2013

Wie können AR und MR bestehende Kommunikations- und Marketinginstrumente erweitern?

## IKEA-KATALOG FÜR DIE PLANUNG ZU HAUSE

### Ziele und Inhalte

220 Millionen Exemplare in 33 Sprachen: Kaum ein Printprodukt wird häufiger gedruckt als der jährlich erscheinende IKEA-Katalog.[15] Bereits seit 2012 erweitert IKEA diesen mithilfe von Augmented Reality. Dabei werden die Features von Jahr zu Jahr weiter ausgebaut mit umfassenderen Produktdetails, Videos, 360-Grad-Ansichten, virtueller Möbelplanung. So können Nutzer beispielsweise verschiedene Möbelstücke aus dem Katalog in ihrem eigenen Zuhause platzieren und bekommen dadurch einen realistischeren Eindruck von Produkten, als wenn sie nur im Katalog blättern. Aber auch Reportagen und Ratgeber laden zum längeren Lesen ein und verleihen den rund 330 Seiten den Charakter eines Kundenmagazins.

Abb. 47:
IKEA-Kunden können Möbelstücke aus dem Katalog in den eigenen vier Wänden platzieren.
Quelle: Metaio

### Benefit
- Interaktives Produkterlebnis
- Virtuelle Möbelplanung in den eigenen Wänden
- Weltweit insgesamt 22 Mio. App-Downloads[16]

### Unternehmen
IKEA

### Umsetzung
Inter IKEA Systems B.V.

## WESER-KURIER – JEDEN TAG MEHR INFORMATION

### Ziele und Inhalte
Unter den Verlagen gibt es bereits einige, die mit Augmented Reality experimentiert haben (Stern, Welt, Esquire, The Guardian etc.). Keine Zeitung setzt dies jedoch derart konzeptionell und konsequent ein wie der regionale Weser-Kurier – und zwar mit zählbarem Erfolg. Täglich erwarten die Leser zusätzliche Infos, Umfragen, Videos und Hintergrundtexte. Das Erfolgsrezept sind dabei weniger hochauflösende 3D-Modelle, sondern vielmehr, dass der Leser in den Fokus rückt und multisensual mit journalistischen Inhalten beliefert wird. Dem Weser-Kurier bietet sich wiederum die Möglichkeit, Artikel und Themen umfangreicher darzustellen. Damit hat der Verlag ein gutes Argument für seine Paid-Content-Strategie.

Abb. 48:
Augmented Reality macht aus der gedruckten Zeitung eine Multimedia-Ausgabe.
Quelle: Appear2Media/Weser-Kurier-Mediengruppe

### Benefit
- Leser erhalten umfangreiche Zusatzinformationen
- Tiefgang statt Kurzfutter: Mehrwert gegenüber anderen Zeitungen
- Rechtfertigung von Paid Content

### Unternehmen
Weser Kurier Mediengruppe

### Umsetzung
Appear2Media, 2013

Wie können AR und MR bestehende Kommunikations- und Marketinginstrumente erweitern?

## RN30 CONCEPT CAR – PARISER AUTOSALON AUCH ZU HAUSE ERLEBEN

### Ziele und Inhalte

Konzeptstudien von Fahrzeugen geben Einblicke in die Zukunft der Automobilindustrie. Obwohl es in den meisten Fällen nicht zur Umsetzung eines Concept Cars kommt, ergeben sich daraus immer Anregungen für Serienmodelle. So wie im Falle des RN30, für den Hyundai und BASF zusammengearbeitet haben. Das Rennauto wurde auf der Pariser Motorshow 2016 der Öffentichkeit präsentiert. Dafür wurde eine spezielle RN30-App entwickelt, welche die User die Technik und Details des Concept Cars entdecken lässt – auch wenn kein physisch gebautes Modell vorhanden ist. Dafür wird eine Postkarte des Autos gescannt und schon kann es losgehen. Einzelne Teile in 3D betrachten, Wissenswertes über das Auto erfahren, ein virtueller 360-Grad-Rundumblick ins Cockpit – AR und VR machen es möglich.

Abb. 49:
Auch Produkte, die noch nicht gebaut sind, können mithilfe von AR gezeigt werden.
Quelle: BASF

Die App ist unter „RN30 AR" in den App Stores zu finden und kann mit dem hier abgebildeten Marker getestet werden.

### Benefit
- Ein Produkt erlebbar machen, das real gar nicht existiert
- Interaktive AR/VR-App gibt faszinierende Einblicke in den RN30 Concept Car
- Aufmerksamkeit für Innovation und Technologie schaffen

### Unternehmen
Hyundai Motor/BASF

### Umsetzung
REFLEKT, 2016

## LES VOYAGES FANTASTIQUES DE TÉO ET LÉONIE – GESCHICHTE FÜR KINDER ERLEBBAR GEMACHT

### Ziele und Inhalte

Mit „Les voyages fantastiques de Téo et Léonie" (für Kinder von 6 bis 10 Jahren) verfolgen die Macher eine transmediale Philosophie. Dazu haben sie ein wahres Universum mit mehreren ineinandergreifenden Komponenten geschaffen, die auf eine neue Form der Interaktion zielen: eine illustrierte Kinderbuchreihe, begleitet von AR-Apps, Games, einem animierten Audio-Buch, VR-Games sowie mit einer interaktiven Onlineplattform, auf der persönliche Erlebnisse geteilt werden können.

Der Plot: Nach einem merkwürdigen Vorfall wird das Geschwisterpaar Téo und Léonie plötzlich aus dem frühen 20. Jahrhundert in die Zeit der Renaissance zurückversetzt und sie wünschen sich sehnlichst, wieder zu ihren Eltern zurückkehren zu können. Zum Glück nimmt sich der sympathische Leonardo da Vinci der beiden Kinder an und versucht, sie wieder wohlbehalten nach Hause zu bringen. Auf dem Weg landen sie aber immer wieder mitten in verschiedenen Ereignissen, welche den Verlauf der Menschheitsgeschichte massgeblich geprägt haben.

Abb. 50:
Zusammen mit Téo und Léonie erleben Kinder spannende Abenteuer und lernen gleichzeitig viel über Geschichte.
Quelle: Kenzan Studios

### Benefit
- Erhöhtes Leseengagement
- Kinder entdecken spielerisch vergangene Kulturen und lernen wichtige Personen der Weltgeschichte kennen
- Aufwertung eines statischen Printproduktes

### Unternehmen
Kenzan Studios

### Umsetzung
Kenzan Studios, 2016

Wie können AR und MR bestehende Kommunikations- und Marketinginstrumente erweitern?

## MCDONALD'S AUF DIGITALER CORPORATE-SOCIAL-RESPONSIBILITY-MISSION

### Ziele und Inhalte

Auf spielerische Art und Weise ernsthafte Themen erklären und den Kunden einbinden: So ließ sich das Ziel der McMission-App beschreiben. McDonald's arbeitet seit einiger Zeit an einem Image als ökologisches und gesellschaftlich verantwortungsvolles Unternehmen. Die App beinhaltete vier Missionen: Von erneuerbaren Energien über Recycling bis zum Müll-Dunking lernten Kunden in Gamification-Manier die Projekte der Fast-Food-Kette kennen. So konnte der Kunde beispielsweise durch Pusten ein Restaurant auf dem Smartphone zum Leuchten bringen. Augmented Reality verwandelte die Maßnahmen im Rahmen der Corporate Social Responsability (CSR) in ein interaktives Erlebnis.

Abb. 51:
McMission-Corporate Social Responsability mit Augmented Reality
Quelle: Metaio

### Benefit
- Positive Unternehmensreputation aufbauen
- Interaktive Wissensvermittlung
- Gamification sorgt für höheres Involvement bei trockenen Themen

### Unternehmen
McDonald's

### Umsetzung
Metaio, 2013

**Anwendungsmöglichkeiten**

### Location-based Services

Dadurch, dass Smartphone-Benutzer dieses mehr oder weniger ständig bei sich tragen, zeigt sich gerade in den Bereichen „Navigation und Tourismus" ein großes Potenzial für Augmented Reality – zumal hier auch junge Zielgruppen angesprochen werden können.

Sogenannte Location-based Services (LBS) oder Augmented-Navigation-Anwendungen (bekannteste Beispiele: Wikitude World Browser, Layar) können unterwegs bei der Suche nach Geschäften, Geldautomaten, Busstationen etc. helfen. Oder aber auch bei der Orientierung in unübersichtlichen Gebäuden wie Flughäfen, Messeanlagen etc. können sie eingesetzt werden. Auch Google Lens wird künftig ortsabhängige Informationen zu Restaurants und Läden liefern, allerdings nicht basierend auf GPS, sondern auf der Erkennung der Umgebung.

*Location-based Services (LBS)*

Denn „scannt" man die Umgebung mit der Kamera des Smartphones, werden neben den erfassten Objekten zusätzliche Informationen eingeblendet, anhand derer man sich besser zurechtfindet oder die einen an ein gewünschtes Ziel navigieren.

Digitale Reiseführer funktionieren nach dem gleichen Prinzip. So können sich Touristen auf der Karte bestimmte Points of Interest anzeigen und sich mittels Routenbeschreibung zu ihnen lotsen lassen. Betrachten sie historische Gebäude, Denkmäler, Plätze oder sonstige Sehenswürdigkeiten durch das Smartphone, liefert ihnen die Anwendung diverse Auskünfte dazu.

*Reiseführer*

Indem man Orte mit Informationen oder Bildern aus verschiedenen Zeitepochen in Beziehung setzt, werden diese ganz anders wahrgenommen. Bei Hunger oder Durst kann man sich wiederum Restaurants und Cafés in der Nähe anzeigen lassen. Wer will, kann sich zudem darüber informieren, wie diese von anderen Gästen bewertet wurden, oder man verfasst selber eine Bewertung dazu (Geo-Blogging).

*Geo-Blogging*

### PRAXISIMPULS

Durch Location-based AR lässt sich also eine Verbindung schaffen zwischen der realen Umwelt, in der sich ein Smartphone-Nutzer unmittelbar befindet, und medialen Inhalten. Der Vorteil besteht nun aber darin, dass User nicht selbst aktiv werden und danach suchen müssen, sondern passende Inhalte kontextbezogen (zur richtigen Zeit am richtigen Ort passend zur Situation) erhalten.

Und auch Informationen, die nur offline verfügbar sind, lassen sich so einfach in die digitale Welt transportieren.

## Wie können AR und MR bestehende Kommunikations- und Marketinginstrumente erweitern?

Mittlerweile setzen aber auch immer mehr Unternehmen auf LBS-Funktionalitäten, um Kunden in ihre Filialen zu leiten oder bestimmte Marketingaktionen durchzuführen (→ Lowe's).

Mobile Couponing

So können beispielsweise beim Mobile Couponing den Kunden digitale Gutscheine auf ihr Smartphone gesendet werden (über eine Coupon-App, per SMS, QR-Codes, Bluetooth etc.), welche die Empfänger dann auf ihrem Handy verwalten und bei den Anbietern einlösen können.

Allerdings ist Mobile Couponing noch nicht sehr weitverbreitet und es gilt, in diesem Bereich noch einige Hürden zu überwinden, wie aus einer Studie zum Einsatz und Potenzial mobiler Coupons und Coupon-Apps von ECC Handel in Zusammenarbeit mit GS1 hervorgeht.[17]

So ist zum einen der Retail-Bereich noch nicht gerüstet für die Entgegennahme von mobilen Gutscheinen. Kunden müssen sich zuerst oft an der Kasse identifizieren, um die Coupons einlösen zu können, ohne sie vorher auszudrucken. In anderen Fällen kann der mobile Gutschein an der Kasse via Barcode eingelesen werden – was allerdings ein fortschrittliches Kassensystem voraussetzt. Zudem besteht bezüglich Datensicherheit auf Kundenseite noch große Skepsis. Die Studie zeigt aber auch, dass gerade junge Zielgruppen und „Early Adopters" positiv auf digitale Coupons ansprechen. Mobile Couponing hat also durchaus das Potenzial, künftig Kunden über das mobile Endgerät in den stationären Handel zu führen, Wiederkäufe zu generieren und Impuls- und Zusatzkäufe zu stimulieren.

Anwendungsmöglichkeiten

## LOWE'S – SHOPPING-ERLEBNIS STATT EINKAUFSLISTE

### Ziele und Inhalte
Durch Augmented Reality kann der Einkauf zu einem interaktiven Shoppingerlebnis werden. Davon ist die amerikanische Baumarktkette Lowe's überzeugt und arbeitete darum an einem Pilotprojekt mit Googles Project Tango. Während der Kunde durch die Gänge geht, werden mit Indoor-Mapping und Augmented Reality Informationen zu den Produkten im Markt angezeigt. Das Ziel ist, dass die Kunden schneller finden, was sie suchen und nicht frustriert durch den Baumarkt laufen. Das Projekt zeigt, wie sich Angebote und Informationen kontextbezogen zum Kunden bringen lassen: zur richtigen Zeit am richtigen Ort. Da bisher nur wenige Tango-fähige Smartphones verfügbar sind, erhalten die Lowe's-Kunden in der Pilotphase die Möglichkeit, die Anwendung unterstützt von einem Mitarbeiter zu testen.

Abb. 52:
Mit Project Tango und Augmented Reality durch den Baumarkt.
Quelle: Lowe's Innovation Labs

### Benefit
- Kontextbezogene Informationen sorgen für ein interaktives Shoppingerlebnis
- Such- und Orientierungshilfe für Kunden
- Im Retail-Bereich können Angebote und Loyalty-Programme passgenau platziert werden

### Unternehmen
Lowe's USA

### Umsetzung
Lowe's, 2017

**Wie können AR und MR bestehende Kommunikations- und Marketinginstrumente erweitern?**

### Gaming/Storytelling

Gamer prägen viele neue Technologien und sorgen für Aufmerksamkeit für neue Hardware – lange bevor sie die breite Masse entdeckt. So war es bereits in den Anfangstagen von Virtual Reality mit den ersten Entwicklungskits der Oculus Rift und bis heute feiern viele der Headsets ihr Debut im Gaming-Bereich.

Gamer experimentieren gerne, treffen sich in Communities zum Austausch und geben den Herstellern wertvolles Feedback. Als Early Adopters sind sie für die Hardware-Industrie ein wichtiger Faktor in der Entwicklung neuer Geräte. Bei Augmented Reality war der Gaming-Anteil zu Beginn viel geringer als bei Virtual Reality. Das mag insbesondere an den vorhandenen Geräten gelegen haben. Seit nun Augmented- und Mixed-Reality-Brillen verfügbar sind, ist das Interesse der Gamer angestiegen und wir erleben nun vermehrt den Einzug von „Gamification" in AR und MR.

*Gamification*

Und zwar betrifft dies nicht nur die Hardware- und Technologieentwicklung. Auch in den Anwendungen selber ist der Einfluss deutlich spürbar.

> Typische Game-Elemente wie Regeln, Belohnungen, verschiedene Levels finden sich heute sehr häufig in Apps. Ziel ist es, die Anwender in der App zu halten – sie zu motivieren, zu aktivieren, für Wissenstransfer zu sorgen.

So ist es auch nicht verwunderlich, dass es am Ende eine Game-App wie Pokémon Go war, die Augmented und Mixed Reality zu großer Bekanntheit verholfen hat. Ein simples Spielprinzip sowie die Kombination aus realer Umwelt und Augmented-Reality-Charakteren erwies sich als Erfolgskonzept.

Selbst in der Industrie hat das Game dafür gesorgt, dass plötzlich ein Grundverständnis für Augmented und Mixed Reality vorhanden ist. Statt Pokémons sind es dort allerdings Werkzeuge oder Bauteile, die an der realen Maschine angezeigt werden. So schnell ließen sich AR und MR bislang nicht erklären.

Haben wir die Geschichten per AR bislang fixiert auf einen Marker oder ein Objekt erzählt, so können wir mit den neuen Brillen jetzt noch viel stärker die reale Umgebung in die Geschichte einbeziehen. Gerade diese Mischung aus unserem normalen Umfeld und der Erweiterung mit digitalen Objekten macht es aus. Dass mehrere Personen gemeinsam interagieren können (→ Meta), bildet das Sahnehäubchen. Dieser soziale Kontakt spielt gerade bei Technologien wie Augmented und Mixed Reality eine wichtige Rolle – also gemeinsames Erleben anstatt isoliert daneben zu stehen, ohne zu sehen, was der Anwender mit der Brille gerade macht.

## POKÉMON GO

### Ziele und Inhalte
Pokémon Go ist das bislang erfolgreichste Mobile Game in der Geschichte der Smartphone-Spiele. Mehr als 100 Millionen App-Downloads im ersten Monat und 600 Millionen US-Dollar Revenue in den ersten drei Monaten sind alleine schon beeindruckende Zahlen. Noch deutlicher wird der Erfolg des Games, wenn man weiß, dass Pokémon Go im Juli 2016 zeitweise mehr Daily Active Users (DAU) hatte als Twitter – rund 20 Millionen. Die Pokémon-Jäger haben dafür gesorgt, dass ein Referenz-Case geschaffen wurde, der Augmented Reality nicht nur große Bekanntheit verschafft hat, sondern vor allem die Technologie einfach erklärt. Das Konzept dahinter ist relativ simpel. Im Prinzip ist es eine moderne Form von Schatzsuche oder Schnitzeljagd. Während man in der realen Welt herumspaziert, werden auf dem Smartphone computeranimierte kleine Monster eingeblendet, die sich an bestimmten Orten verstecken. Diese gilt es einzufangen und zu trainieren – um sie dann gegeneinander antreten zu lassen.

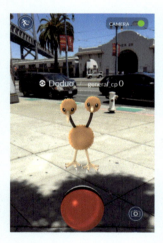

Abb. 53:
Der Hype ist vorbei – aber noch immer vermag Pokémon Go ein Millionenpublikum zu begeistern
Quelle: Niantic, Inc.

### Benefit
- Intuitives und verständliches Spielkonzept mit Location-based Content
- Augmented Reality als Feature bei der Pokémon-Jagd
- Positiver Nebeneffekt: Selbst Sportmuffel werden spielerisch zu mehr Bewegung an der frischen Luft animiert

### Unternehmen
Niantic, Inc.

### Umsetzung
Niantic, Inc., 2016

Wie können AR und MR bestehende Kommunikations- und Marketinginstrumente erweitern?

## EASTER EGG HUNT

### Ziele und Inhalte

Auf der AR/VR-Konferenz „VRLA" in Los Angeles präsentierte Microsoft die virtuelle Osterei-Suche „Easter Egg Hunt". Am Stand erwartete die Besucher eine nachgestellte Wald- und Wiesenkulisse mit Bäumen, Wiesen und Pilzen im Polygonenstil. Die Teilnehmer mussten mit der HoloLens-Brille auf Ostereiersuche gehen und konnten dabei Osterhasen durch die Szenerie hüpfen sehen. Sobald man eines der Ostereier entdeckt hatte, begann es sich zu drehen und öffnete sich – heraus schlüpften animierte, disney-ähnliche Figuren. Die Anwendung zeigt die Verknüpfung der realen Umgebung mit der Hologrammwelt in der Mixed-Reality-Brille. Durch die eigene Bewegung und das Interagieren mit den Hologrammen entsteht ein immersives Erlebnis.

Abb. 54:
Virtuelle Ostereiersuche
mit der HoloLens
Quelle: Flarb

### Benefit
- Mehrere Personen können gleichzeitig spielen (Gemeinschaftserlebnis)
- Anwender wird durch Aufgaben und Bewegung aktiv eingebunden
- Durch den Fun-Faktor werden noch mehr Leute zum Stand gelockt

### Unternehmen
Microsoft

### Umsetzung
AfterNow, Flarb, 2017

## META – MIT DER META DAS MENSCHLICHE GEHIRN ENTDECKEN

### Ziele und Inhalte
Ausgestattet mit Meta-Brillen können bei „The Journey to the Center of the Natural Machine" zwei Anwender gleichzeitig auf eine virtuelle Reise durch das menschliche Gehirn gehen. Hier zeigt sich deutlich der Unterschied zu bisherigen AR-Anwendungen mit Markern oder physischen Objekten. Ein Erzähler führt durch verschiedene Teile des holografischen Gehirns, das mitten im Raum schwebt. Die Anwender können sich um das Hologramm herumbewegen und damit interagieren. Die Aufgabe besteht darin, verschiedene Teile des Gehirns mit Finger- und Handgesten zusammenzusetzen.

Abb. 55:
The Journey to the Center of the Natural Machine
Quelle: Meta

### Benefit
- Interaktives Storytelling mit holografischer Darstellung
- Mehrere Anwender können gleichzeitig mit dem Content interagieren
- Virtuelle Objekte lassen sich im Raum erkunden

### Unternehmen
Meta

### Umsetzung
Meta, 2016

**Wie können AR und MR bestehende Kommunikations- und Marketinginstrumente erweitern?**

### Ein Blick in die Zukunft

Wir wollen es hier nicht versäumen, auch einen Einblick in einen Case zu geben, den es derzeit zwar noch nicht gibt, an dem aber bereits emsig gearbeitet wird. Auch um Ihnen zu zeigen, dass es sich lohnt, hier am Ball zu bleiben und weitere Entwicklungen mitzuverfolgen. Denn soviel können wir wohl versprechen: Es bleibt weiterhin spannend!

Wir leben in einem Zeitalter des unglaublichen Fortschritts. Doch in vielen Lebensbereichen hat sich dennoch noch immer nicht viel verändert. Ein schmerzliches Beispiel: Transport.

Fliegende Autos und Teleporter, wie wir sie schon vor Jahrzehnten in Science-Fiction-Filmen gesehen haben, sind immer noch Utopie. Die Straßen bleiben überlastet und verstopft mit Autos. Doch Träume sterben nie, wie das futuristische Konzept für ein Hochgeschwindigkeitstransportsystem namens Hyperloop zeigt. Vorgestellt wurde es im August 2013 vom Unternehmer Elon Musk, CEO des Luftfahrtunternehmens SpaceX und des Elektroautomobil-Herstellers Tesla.

Elektrisch getriebene Transportkapseln sollen durch Solarenergie mit Reisegeschwindigkeiten von bis zu 1.125 km/h auf Luftkissen durch eine Röhre befördern werden. Laut Musk soll es so möglich sein, auf Strecken von bis zu 1.500 Kilometern deutlich schneller als mit dem Flugzeug und gleichzeitig deutlich billiger als mit der Bahn zu reisen.[18]

Wie gesagt: Bislang handelt es sich dabei nur um ein Konzept – entwickelt wurde das System noch nicht. Von verschiedenen Seiten wurde das System kritisiert und die Kostenannahmen als unrealistisch eingeschätzt. Dennoch haben sich bereits einige Unternehmen gefunden, die sich daran probieren. Die erste Kapsel wird bereits in Originalgröße gebaut. Das Unternehmen Hyperloop Transportation Technologies arbeitet an diversen Machbarkeitsstudien und hat den ersten Vertrag für eine Strecke in Südkorea unterzeichnet.

Und was hat dieser kleine Exkurs jetzt mit Augmented Reality zu tun? Nun ja – sehen Sie sich dazu am besten einfach den Case → Hyperloop Augmented Windows an.

*Hyperloop*

Anwendungsmöglichkeiten

## HYPERLOOP AUGMENTED WINDOWS

### Ziele und Inhalte
Auf das Konzept von Hyperloop sind wir ja bereits auf → Seite 122 eingegangen. Noch nicht genug Zukunftsmusik?
Weder die Kapsel noch die Röhre des Hyperloops haben Fenster. Das könnte bei manch einem Passagier ein klaustrophobisches Gefühl auslösen, denn wir sind es nun einmal von anderen Transportmitteln gewohnt, nach draußen schauen zu können. Die Lösung: augmentierte Fenster mit Facetracking und realistischer Simulation der Außenwelt. Die Szene auf dem Bildschirm folgt der Blickrichtung des Passagiers und gibt ihm das Gefühl, aus einem normalen Fenster zu schauen. Neben der Darstellung der Landschaft können Reiseinformationen, Filme oder komplette virtuelle Welten gezeigt werden – individuell abrufbar per App.

Abb. 56:
Mit augmentierten Fenstern wird der Transport von A nach B zu einem Erlebnis.
Quelle: REFLEK'T

### Benefit
- Information und Entertainment während der Fahrt
- Realistische Simulation der Außenwelt
- Blick aus der geschlossenen Kapsel nach außen

### Unternehmen
Hyperloop Transportation Technologies (HTT)

### Umsetzung
RE'FLEKT (in Entwicklung)

## LESETIPPS

- Herber, Erich (2012): Augmented Reality – Auseinandersetzung mit realen Lernwelten. In: E-Learning allgegenwärtig, Themenheft 03/2012
- Kreutzer, Ralf/Land, Karl-Heinz (2017): Digitale Markenführung – Digital Branding im Zeitalter des digitalen Darwinismus. Das Think!Book
- Perrey, Christine (2011): Augmented Reality and the Future of Printing and Publishing. Opportunities and Perspectives. inglobetechnologies.com

## Anmerkungen

1. Marketing-Boerse.de (2011): (Mobile) Augmented Reality – Hype oder nachhaltiges Marketinginstrument? Abgerufen am 16.04.2017 von http://www.marketing-boerse.de/Fachartikel/details/Mobile-Augmented-Reality--Hype-oder-nachhaltiges-Marketinginstrument/33276
2. Medienhaus Verlag (2013): Geklickt, verkauft, zurückgeschickt. Wie sich kostenintensive Retouren im Online-Handel verringern lassen. Abgerufen am 16.04.2017 von http://www.e-commerce-magazin.de/geklickt-gekauft-zurueckgeschickt-wie-sich-kostenintensive-retouren-im-online-handel-verringern
3. Appculture (2014): Wie funktionieren Beacons? Abgerufen am 18.04.2017 von https://appculture.com/wie-funktionieren-beacons/
4. The Verge (2013): Android 4.3 detailed in new leak, but updates are minimal. Abgerufen am 18.04.2017 von http://www.theverge.com/2013/7/18/4534690/android-4-3-jelly-bean-revealed-via-leak
5. Apple (2011): What's new in iOS? Aufgerufen am 18.04.2017 von https://developer.apple.com/library/ios/releasenotes/General/WhatsNewIniOS/Articles/iOS5.html
6. Heise.de (2014): iBeacons statt NFC. Abgerufen am 18.04.2017 von https://www.heise.de/mac-and-i/artikel/iBeacon-statt-NFC-Apples-Nahfunktechnik-fuer-iOS-7-2140159.html
7. iBeaconInsider (2014): BEACONS: What They Are, How They Work, And Why Apple's iBeacon Technology Is Ahead Of The Pack. Abgerufen am 18.04.2017 von http://www.ibeacon.com/beacons-how-they-work-why-apples-ibeacon-technology-ahead-of-pack/
8. Experto.de (2014):Wie Ihr Unternehmen von Event-Marketing profitieren kann. Abgerufen am 19.04.2017 von https://www.experto.de/marketing/wie-ihr-unternehmen-von-event-marketing-profitieren-kann.html
9. Nielson.com(2015): Global Trust in Advertising. Abgerufen am 20.4.2017 von https://www.nielsen.com/content/dam/nielsenglobal/apac/docs/reports/2015/nielsen-global-trust-in-advertising-report-september-2015.pdf
10. Perey, Christine (2011): Augmented Reality and the Future of Printing and Publishing. Opportunities and Perspectives. Abgerufen am 18.04.2017 von http://www.inglobetechnologies.com/docs/whitepapers/AR_printing_whitepaper_en.pdf

**Anmerkungen**

[11] Mashable (2013): Augmented Reality Tickets Give Sports Fans a Boost. Aufgerufen am 20.04.2017 von http://mashable.com/2013/04/23/augmented-reality-sports-tickets/#IAwgXqs1ESqr

[12] Herber, Erich (2012): Augmented Reality – Auseinandersetzung mit realen Lernwelten. In: E-Learning allgegenwärtig, Themenheft 03/2012

[13] Adweek (2009): Postal Service Brings Augmented Reality Down to Earth. Abgerufen am 20.04.2017 von: http://www.adweek.com/digital/postal-service-brings-augmented-reality-down-earth-99524/

[14] Cnet (2013): IBM app marries augmented reality, comparison shopping. Abgerufen am 20.04.2017. von https://www.cnet.com/news/ibm-app-marries-augmented-reality-comparison-shopping/

[15] Huffington Post (2016): Ikea veröffentlicht seinen neuen Katalog – und es gibt eine Überraschung. Abgerufen am 19.04.2017 von http://www.huffingtonpost.de/2016/08/02/ikea-katalog-2017_n_11301050.html

[16] Ikea (2015): Ikea Katalog 2015. Abgerufen am 19.04.2017 von http://www.ikea.com/ms/de_DE/about_ikea/newsroom/press_releases/IKEA_Katalog_2015_Daten_Fakten.pdf

[17] GS1 Germany (2011): Mobile Couponing – Studie zu Einsatz und Potenzial mobiler Coupons und Coupon-Apps von GS1 Germany in Zusammenarbeit mit ECC Handel. Abgerufen am 20.04.2017 von https://www.gs1-germany.de/common/downloads/gs1_tech/2112_mobile_couponing.pdf

[18] Spiegel Online (2013) Projekt „Hyperloop": US-Unternehmer will Reisende in die Highspeed-Röhre schicken. Abgerufen am 18.04.2017 von http://www.spiegel.de/wirtschaft/unternehmen/hyperloop-us-unternehmer-musk-will-reisende-durch-roehren-schiessen-a-916210.html

# Kapitel 5
# Was macht eine erfolgreiche Anwendung aus?

> **UM DAS GEHT'S!**
> - Wie sieht das passende Projektmanagement für die Umsetzung einer App aus?
> - User Experience und User Interface: Warum muss diesen Aspekten besondere Aufmerksamkeit geschenkt werden?
> - Was macht „guten" Content für AR und MR aus?
> - Eigene App oder AR-Channel?
> - Wie lässt sich der Erfolg einer Anwendung messen?

## 1. Softwareentwicklung: Agile und Wasserfall

Wie entsteht eigentlich eine App? Was braucht man dafür? Wie lange dauert die Entwicklung? Viele Verantwortliche in Unternehmen und Agenturen tun sich schwer damit, eine Vorstellung davon zu entwickeln, wie ihre App später aussehen soll, welche Wirkung der Content hat und wie der Nutzer damit interagiert. Bei der Entwicklung einer App ist es daher wichtig, möglichst zügig einen Eindruck davon vermitteln zu können. Denn unter Umständen besteht das Risiko, dass Funktionen, Bedienung und Content an den Interessen der Zielgruppen vorbei entwickelt werden.

Bezüglich der Umsetzung haben einerseits AR/MR-Anbieter einen großen Erfahrungsschatz. Denn die verfügbaren Devices entwickeln sich stetig weiter und bessere Geräte kommen auf den Markt. Daraus ergeben sich dann wiederum völlig neue Möglichkeiten. Andererseits wird mittlerweile aber auch in Unternehmen selbst entwickelt oder zumindest werden Teile davon vorbereitet.

### Was macht eine erfolgreiche Anwendung aus?

> **PRAXISIMPULS**
>
> Ein AR/MR-Konzept sollte früh im Unternehmen und mit den Zielgruppen getestet werden. Damit lässt sich das Risiko minimieren, dass die Vorstellungen auf Unternehmensseite und die Umsetzung auf Entwicklungsseite auseinanderdriften.

Wasserfall-Methode

Eine Variante der Softwareentwicklung ist die Wasserfall-Methode[1]: Dabei wird ein klarer Projektplan erstellt. Die Entwicklung findet bei den Programmierern statt, bis die App quasi fertig ist. Erst dann geht sie zum Kunden, um dort getestet zu werden. Der Vorteil dieser Variante liegt darin, dass sich alle Beteiligten am klar strukturierten Projektplan orientieren können. Das Risiko des Wasserfall-Prinzips besteht jedoch darin, dass die App nicht den Erwartungen des Unternehmens entspricht und viel Zeit verloren geht, bis dies festgestellt wird.

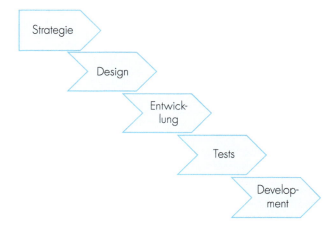

Abb. 57:
Softwareentwicklung nach dem Wasserfall-Prinzip
Quelle: Eigene Darstellung

agile Methoden
Iterationsschleife/Sprint
Prototyp

Alternativ setzen App-Entwickler heute oft agile Methoden ein. Dabei finden einzelne Iterationsschleifen, sogenannte *Sprints*, statt. Schnell werden Prototypen erstellt, die nur die wichtigsten Funktionen enthalten. Diese abgespeckte Version geht dann direkt zum Unternehmen für eine Testschleife. Das Risiko einer Fehlentwicklung kann durch permanentes Testen und Feedback an die Entwickler minimiert werden.

## Softwareentwicklung: Agile und Wasserfall

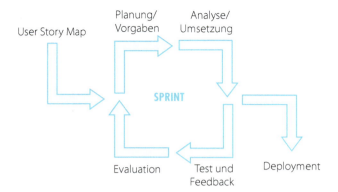

Abb. 58:
Agile Softwareentwicklung mit Sprints
Quelle: Eigene Darstellung

Der Ansatz der agilen Entwicklung stößt mittlerweile auf offene Ohren und findet mehr und mehr Zuspruch, z. B. durch die Produktentwicklung nach Eric Ries' *Lean-Methode*: die schnelle Fertigstellung eines *Minimum Viable Products* (MVP).[2]

*Lean* ist nichts Neues, sondern wurde vor allem durch Toyotas *Lean Production*[3] geprägt. Auch beim Minimum Viable Product – ein Produkt mit minimalen Anforderungen und Eigenschaften – geht es vor allem für Start-ups um die schnelle Entwicklung eines schlanken Produkts mit reduzierten Features. Damit wird frühzeitig erkannt, welche Funktionen die Kunden brauchen und fordern, ohne zu viele Ressourcen zu verschwenden.

Für neue Technologien – und dies gilt für Augmented Reality genauso wie für Mixed und Virtual Reality – kann somit Schritt für Schritt eine App entwickelt werden, die den Vorstellungen des Kunden und den Anforderungen der Zielgruppen entspricht.

Wasserfall-Prinzip oder agile Entwicklung: Welches das richtige Vorgehen ist, hängt natürlich vom Projekt und vom Unternehmen ab. Häufig sind die Unternehmen immer noch Ersteres gewohnt.

Allerdings muss man sich ja nicht immer für Schwarz oder Weiß entscheiden. So haben wir bei den 10 Milestones in → Kapitel 6 auf S. 154 eine Mischung gewählt. Dort sind zehn wichtige Schritte definiert, an denen sich Unternehmen orientieren können. Zwischen den einzelnen Schritten finden frühzeitig Testschleifen statt, mit denen Anforderungen und Entwicklungsstand abgeglichen werden.

Warum diese Kombination? Weil jede Methode ihre Berechtigung hat. Wir empfehlen aber gerade aufgrund der Neuartigkeit von AR/MR, frühzeitig einen ersten Prototypen zu entwickeln und den Kunden mit Tests und Evaluation einzubeziehen. Jedes Unternehmen kann für sich entscheiden, welches der passende Weg ist.

Nach einem kurzen Abstecher in die Softwareentwicklung konzentrieren wir uns in den folgenden → Unterkapiteln auf die einzelnen Bausteine und Schritte innerhalb der Entwicklung. Dabei stellt sich die

Minimum Viable Product (MVP)

Lean

Frage: Wie baut man eine erfolgreiche Augmented- oder Mixed-Reality-Anwendung? Auf die einzelnen Punkte gehen wir auf den folgenden Seiten ein.

### BAUSTEINE EINER AR-ANWENDUNG

- Konzept und User Story Map
- Content mit Flow-Erlebnis
- Informationen mit Relevanz und Kontextbezug
- Intuitives User Interface für intensive User Experience
- Aussagekräftige KPIs für Erfolgsmessung

## 2. Konzept, Ziele und Einsatzgebiete

Die Marke eines Unternehmens ist mehr als nur ein Logo. Es handelt sich dabei vielmehr um ein Versprechen, das es jeden Tag beim Kunden einzulösen gilt. An dieser Stelle müssen wir wohl nicht über die Sinnhaftigkeit einer klaren Positionierung mit einer eindeutigen und kohärenten Markenstrategie diskutieren. Mittlerweile ist wohl allen klar, dass eine solche für jedes erfolgreiche Unternehmen – ob Großkonzern oder Start-up – unabdingbar ist.

### PRAXISIMPULS

Die Strategie ist der Weg zum Ziel. Und um dieses zu erreichen, macht es Sinn, sämtliche Marketing- und Kommunikationsmaßnahmen nach einem ganzheitlichen Konzept auszurichten. Hier verhält es sich bei Augmented und Mixed Reality nicht anders als bei den klassischen Medien, die bisher in den Medienmix miteinbezogen wurden. AR und MR sollten nicht isoliert betrachtet werden, sondern eben auch als Teil eines Ganzen.

Dies setzt aber voraus, dass sich die Verantwortlichen in Agenturen und in Unternehmen dessen bewusst sind und die Technologien als konzeptionelle Elemente gesehen werden – und zwar als Tools für alle Bereiche, bei dem es keine Abgrenzung mehr zwischen Marketing und PR gibt.

Zuerst geht es also darum, mithilfe einer Situationsanalyse die Grundlagen für das zu entwickelnde Kommunikationskonzept zu schaffen. In einer Analysephase werden relevante Informationen gesammelt. Anschließend wird dann das Material ausgewertet, gewichtet und danach die Situationsanalyse ausformuliert.

## Konzept, Ziele und Einsatzgebiete

In einer weiteren Phase werden dann die Zielsetzungen und die Zielgruppen definiert und die Kommunikationsstrategie und die entsprechenden Maßnahmen festgelegt. Die genaue Bestimmung der Zielgruppe ist bei der Ausarbeitung des Konzeptes zentral. Denn das hat einerseits Einfluss auf die Inhalte (Was soll vermittelt werden? Eher Information? Eher Entertainment?) und andererseits auf das User Interface und die User Experience (UI/UX).

*Konzept*

*UI/UX*

### MÖGLICHE ZIELE EINES KONZEPTS

- Marken-/Imagebildung
- Positionierung von Marke bzw. Produkt/Dienstleistung
- Kaufentscheidung unterstützen
- Engagement auf Messe oder am Point-of-Sale schaffen
- User Engagement im Social Web stärken
- Crossmediales Interface für Kampagnen
- Traffic auf Onlinemedien und Onlineshops erhöhen
- Visualisierung von Produktfeatures
- Produkteinführung und Produkttraining

In der Konzeptionierungsphase sollten auch bereits geeignete Evaluierungsinstrumente für eine quantitative Erfolgskontrolle eingeplant werden. Denn ein Konzept ist gut, aber es muss auch regelmäßig überprüft werden, ob die Maßnahmen die erwarteten Resultate liefern.

*Erfolgskontrolle*

Für AR und MR gilt also das Gleiche wie für alle anderen Medien auch: Man sollte die Technologien nicht verwenden, wenn man nicht weiß, was man genau damit erreichen will. Als Erstes muss sich ein Unternehmen die Frage stellen, was der Nutzer damit anfangen soll und wie man erreicht, dass er die Anwendung nicht nur einmal, sondern mehrmals verwendet. Mit anderen Worten: Man muss versuchen, sich in den Nutzer hineinzuversetzen.

### PRAXISIMPULS

Verglichen mit traditionellen Medien haben Augmented und Mixed Reality eine signifikante Stärke: Dadurch, dass der Nutzer mit den Inhalten interagieren kann, lässt sich mehr Aufmerksamkeit für dieselben erzielen. Dieses Potenzial gilt es auszuschöpfen.

Ein entscheidender Vorteil der neuen Technologien liegt im spielerischen Zugang zu Inhalten. Eine gute Anwendung macht neugierig und erhöht die Wahrnehmungsspanne. Denn durch die Möglichkeit der Interaktion und des haptischen Erlebens (ohne konkretes haptisches Produkt) werden Emotionen geweckt und der Nutzer beschäftigt sich länger damit.

AR und MR sind geradezu prädestiniert, um Geschichten zu erzählen und zu inszenieren. Im Vergleich zu einem Video (bei dem klar ist, dass alles vorproduziert ist) kommt es bei Augmented und Mixed Reality durch die Art der Darstellung (Kombination von realer und virtueller Welt) zu einer stärkeren Realitätswahrnehmung. Der Nutzer konsumiert nicht nur, sondern er wird Teil des Geschehens. Orte und Situationen zu sehen und zu erleben, aus einer Perspektive, die normalerweise eben nicht eingenommen werden kann – dieser Ansatz eröffnet ganz neue Möglichkeiten im Bereich des Storytelling. Leider wird noch zu wenig in diese Richtung gedacht. Es bleibt aber zu hoffen, dass wir künftig mehr Anwendungen sehen werden, die sich diese Stärke zunutze machen.

*Storytelling*

Ein weiterer Punkt sollte beim Ausarbeiten des Konzeptes auf keinen Fall vergessen werden. Es ist wichtig, dass man sich auch darüber Gedanken macht, wo die Anwendung zum Einsatz kommt. Ist das in einer Messehalle mit öffentlichem WIFI-Zugang oder irgendwo draußen mit schlechter Netzabdeckung? Werden sämtliche Inhalte in die App gepackt? Solche Überlegungen sind zentral, denn auch wenn die Idee inhaltlich überzeugt – die technische Umsetzung ist unter Umständen nicht ganz einfach.

*Netzabdeckung*

### 3. Content, Context und Flow

Wie für alle anderen Kommunikationsinstrumente gilt auch für Augmented und Mixed Reality: Content is king. In der heutigen informationsübersättigten Zeit haben nur „gute" Inhalte überhaupt eine Chance, nicht sofort weggeklickt zu werden. Stellt sich nur die Frage: Was genau zeichnet denn guten Content aus?

Während der Vorbereitungen zu diesem Buch haben wir sehr viele Gespräche mit Personen geführt, die sich täglich mit diesem Thema auseinandersetzen. Wem auch immer wir die Frage stellten – die Kernbotschaft fiel jedes Mal sehr ähnlich aus und lässt sich prägnant in ein Schlagwort verpacken: Mehrwert für den Nutzer.

Die Zeiten, in denen man mit einer Anwendung allein auf den Wow-Effekt setzen konnte, sind endgültig vorbei. Zum Glück. Heute reicht es einfach nicht mehr aus, wenn irgendetwas herausploppt und der Nutzer nichts damit anfangen kann. Und je stärker die Neuartigkeit von AR/MR abnimmt, umso wichtiger wird der Content.

#### Flow: Information und Entertainment

Die Menschen wollen unterhalten werden – auch dann, wenn sie Informationen konsumieren. Das eine schließt das andere nicht aus. Dass wir

## Content, Context und Flow

schnöde Informationen in Geschichten verpackt einfacher verarbeiten, ist kein Geheimnis.

> **PRAXISIMPULS**
>
> Mit Augmented und Mixed Reality wollen wir den Nutzer unterhalten, sodass die Informationen automatisch aufgenommen werden. Je aktiver bzw. interaktiver dies geschieht, desto größer ist die Wahrscheinlichkeit, dass sich der Nutzer an unsere Marke, unser Produkt oder unsere Dienstleistung erinnert bzw. sie wiedererkennt. Was wir dafür brauchen: den Flow – die richtige Mischung aus Information und Unterhaltung.

Die sogenannte *Flow-Theorie*[4] stellt den Zusammenhang zwischen der Komplexität der Informationen mit den Wahrnehmungsfähigkeiten der Nutzer her. Ist die Information zu komplex, fühlt sich der Nutzer überfordert. Ist der Content langweilig, dann mangelt es an Stimuli. Es braucht also ein auf den jeweiligen Nutzer angepasstes mittleres Erregungsniveau, damit das Flow-Erlebnis entsteht.[5]

Flow-Theorie

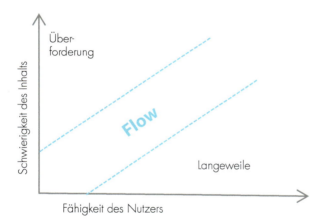

Abb. 59:
Flow-Erlebnis: die passende Mischung für den Nutzer
Quelle: Eigene Darstellung in Anlehnung an Sherry (2004)[6]

Der Content muss interessant und anregend sein, er muss Überraschungen bieten und gleichzeitig informativ sein. Stimuliert er den Nutzer nicht, sondern langweilt ihn nur, dann wendet er sich schnell ab. Natürlich kann auch hochkomplexer Content für eine bestimmte – aber meist sehr kleine Zielgruppe – interessant sein.

Wenn wir Augmented und Mixed Reality in der Industrie einsetzen, dann stehen Informationen im Vordergrund und Unterhaltung spielt eher eine untergeordnete Rolle. In Marketing und PR allerdings ist es aber gerade die Mischung aus Daten, Emotionen und Interaktion, die Augmented und Mixed Reality so besonders macht. Unbestritten ist auf jeden Fall, dass der Content für den Nutzer verständlich sein muss.

## Was macht eine erfolgreiche Anwendung aus?

Interessanter Content ist aber nicht gleich interessanter Content. Je nach Erfahrungen, Vorwissen, Motivation und den Fähigkeiten des Nutzers bedarf es der richtigen Flow-Mischung.

> **MERKMALE FÜR DIE WIRKUNG VON CONTENT[6]:**
> - Komplexität des Contents
> - Verständlichkeit des Contents
> - Schnelligkeit der Informationsübermittlung
> - Brüche und unlogische Abfolgen

*Gamification*
*Internet of Things*

Das Sahnehäubchen auf dem Flow-Dessert aus Information und Entertainment bildet am Schluss auch noch eine Portion Gamification. Denn durch die Vernetzung von Mensch und Maschine im Internet of Things entstehen ganz neue Möglichkeiten der Interaktion. Spielerische Elemente werden mittlerweile ganz bewusst im Marketing eingesetzt, um mehr Aufmerksamkeit und stärkeres User-Engagement zu erreichen. Was in Games funktioniert, bereichert auch Business-Apps: Levels, Wertungen, Belohnungen.[2] Die typischen Mechanismen aus Spielen wirken nicht nur beim Lernen, sondern überall in unserem Alltag. Wer Informationen am Ende eines Levels zusammengefasst bekommt, der erinnert sich besser an den Content. So lassen sich beispielsweise bei Augmented Reality nach informativem 3D-Content ergänzende und interaktiv gestaltete Wissenskarten einsetzen.

### Mehr Relevanz bitte: Content mit Context

*Content Marketing*

Nun haben wir viel über Content gesprochen. Content Marketing ist eines der Buzzwords im modernen Marketing. Wie wichtig der richtige Content für den Erfolg von Augmented und Mixed Reality ist, haben wir bereits deutlich gemacht. Wie wäre es, wenn wir nun über *Context Marketing* sprechen? Richtig gelesen. Das ist kein Schreibfehler: Context. Bereits in → Kapitel 3, S. 68 haben wir gezeigt, wie viel Information wir tagtäglich über uns ergehen lassen müssen. Wie also sorgen wir dafür, dass unser Content in unserer App ankommt? Ganz einfach: Wir machen ihn relevant.

*Context Marketing*

Relevanz ist in der Informationsflut der Warp-Antrieb. Was hilft es mir, wenn ich am Samstagabend mit meiner Familie zu Hause auf dem Sofa sitze und einen Starbucks-Gutschein bekomme? Nichts. Laufe ich aber in der Nähe eines Coffeeshops vorbei und werde auf ein Angebot für meinen Lieblingskaffee aufmerksam gemacht: Voilà. Das nennen wir *kontextbezogene Information*.

## PRAXISIMPULS

Kontextbezogene Informationen erreichen den Nutzer zur richtigen Zeit am richtigen Ort auf dem richtigen Device. Der Content hat aufgrund von Vorlieben, Interessen, Erfahrungen oder bisherigem Verhalten besondere Relevanz für den Nutzer. Das Ergebnis ist eine höhere Bedeutung des Contents für den Nutzer und folglich eine größere Aufmerksamkeit.

*Relevanz*

Robert Scoble, der wohl bekannteste Tech-Blogger und AR/MR-Influencer aus den USA, widmet diesem Thema ein ganzes Buch: *The Age of Context*[7]. Augmented Reality sowie Wearables – dazu zählen Datenbrillen und Smartwatches – sind dafür geschaffen, den Nutzern kontextbezogene Informationen zu liefern. Dies kann sowohl in der Freizeit wie auch in der Arbeitswelt sein.

Genau dafür hat Google die Glass konzipiert – um dem User relevante Daten zur passenden Zeit am richtigen Ort anzuzeigen. Die notwendigen Daten dafür hat Google meistens. Hierzu genügt ein Blick auf Google Now: ein weiteres Beispiel für kontextbezogene Information.

Warum profitieren Augmented und Mixed Reality von kontextbezogenem Content oder andersrum: Warum macht relevanter Content die Medien zu zielgerichteten Kommunikationskanälen? Wie wir wissen, verknüpfen AR/MR die reale Umgebung mit digitalen Informationen – die Realität wird digital erweitert. Das passiert genau dort, wo wir uns befinden (z. B. an einem bestimmten Ort), wo wir etwas suchen (z. B. zu einem Produkt) oder wo wir arbeiten (z. B. eine Anleitung). Damit verschmelzen wir die Technologie mit Content und Relevanz: das Ergebnis ist Context Marketing.

## PRAXISIMPULS

Context Marketing ist also die Verschmelzung von AR/MR und Wearables mit Content Marketing. Augmented und Mixed Reality liefern uns die relevanten Informationen direkt an den Ort des Geschehens; Content Marketing liefert die relevanten Stories und Flow-Erlebnisse.

Je mehr kontextbezogene Geräte Akzeptanz finden, desto größer werden die Möglichkeiten für Marketing und PR, den Nutzern eine sogenannte *Right-time Experience* zu verschaffen: ein Erlebnis zum passenden Zeitpunkt.[4] Wer sich als Marketing- und Kommunikationsprofi über personalisierte Kommunikation und Segment-of-One-Marketing[8] Gedanken macht, der sollte Context Marketing mit AR/MR und Wearables in seine Strategie einbeziehen.

**Was macht eine erfolgreiche Anwendung aus?**

### Achtung: Gimmicks sind raus

Augmented und Mixed Reality sollten daher niemals nur dem Selbstzweck dienen – nur weil viele sie in irgendeiner Form einsetzen und man als Unternehmen auch nachziehen will. Wer das versucht, tut weder sich selbst noch den Technologien als solchen einen guten Dienst. Daher sollte die erste Frage immer lauten: Ist AR/MR in diesem konkreten Fall überhaupt der richtige Weg? Braucht es die Technologien wirklich, um etwas ganz Spezifisches zu zeigen und erlebbar zu machen?

Eine AR/MR-Anwendung sollte einen klaren Vorteil gegenüber einer Lösung ohne AR/MR bieten. Denn nicht alles, was neu ist, ist zwingend auch besser. Die Botschaft lautet daher klar: Hände weg von Gimmick. Guter Content für Augmented und Mixed Reality sollte sinnhaft sein. Praktisch. Dem Nutzer eben einen Mehrwert bieten – damit er einen Grund hat, die Applikation nicht nur einmal, sondern mehrmals zu nutzen.

Um solchen Content überhaupt produzieren zu können, muss man sich als Erstes Gedanken darüber machen, was der Benutzer erwartet, und ob die angedachte Anwendung überhaupt zur Zielgruppe passt.

Als nächstes sollte man sich damit auseinandersetzen, wie man sich die Stärken von AR/MR zunutze macht. Was kann man damit in dieser Situation zeigen, das andere Instrumente eben nicht können? Bestes Beispiel sind hierfür 3D-Elemente, die aus verschiedenen Winkeln betrachtet werden können und mit denen der Nutzer auch interagieren kann.

Denn genau das sind die Qualitäten der erweiterten Realitäten: Dynamik und Interaktivität. Und der Content sollte dem angepasst sein. Durch AR/MR Inhalte aufzurufen, mit denen der Nutzer nicht interagieren kann, ist verschleudertes Potenzial. Zum Beispiel: Wenn Sie von Ihrer Printbroschüre auf ein weiteres Text-Layer verweisen, macht das kaum Sinn. Ebenso wenig, wenn es sich dabei um eine Verlinkung zur Website des Unternehmens handelt – und diese noch nicht einmal mobile-optimiert bzw. responsive ist.

### 4. User Experience und User Interface (UX/UI)

UX und UI sind zwei Buchstabenpaare, die es nicht erst seit Augmented und Mixed Reality gibt. User Experience (UX) und User Interface (UI) gibt es überall in unserem Alltag, nur nehmen wir das schon gar nicht mehr wahr, weil es für uns selbstverständlich geworden ist und weil wir daran gewöhnt sind. Gewöhnung ist ein gutes Stichwort. Denn darauf beruht der Erfolg von UX und UI. Wenn etwas so intuitiv gestaltet ist,

## User Experience und User Interface (UX/UI)

dass wir es einerseits als selbstverständlich und andererseits als intuitiv wahrnehmen, dann hat der UI/UX-Designer alles richtig gemacht.

> **WISSEN**
>
> UX steht für User Experience: das Nutzerlebnis. Wie sind das Design und die Beschaffenheit eines Produkts, einer Dienstleistung oder einer Umgebung? Welchen Nutzen stiftet es dem Anwender?

*User Experience (UX)*

Drei häufig genannte Kriterien dafür sind Qualität (im Sinne von z. B. Stabilität bei einer Software oder Zuverlässigkeit bei einem Auto), Nützlichkeit/Usability und Schönheit. Diese Kriterien sind auf den römischen Architekten und Ingenieur Vitruv[9], einen der ersten genannten Designer und Architekten, zurückzuführen. Ursprünglich für Gebäude definiert, finden sie heute noch immer Anwendung, wenn es um die Basis von User Experience geht.

Im Sprachgebrauch wird UI/UX heutzutage meist mit Websites oder Apps in Verbindung gebracht. Dabei geht es um weit mehr, als nur zu sehen, wie gut sich beispielsweise eine App bedienen lässt. UI/UX sind maßgeblich dafür verantwortlich, ob ein Produkt oder eine Leistung im Wettbewerb Akzeptanz erhält und letztendlich verkauft wird. UI/UX ist also mitverantwortlich für den Erfolg eines Produkts.[10] Um es deutlich zu sagen: Ein durchdachtes UI/UX-Konzept kann den Unterschied zwischen verschiedenen Apps oder Anwendungen machen. Bei der Entwicklung von neuen digitalen Technologien denkt man oft nicht daran, dass etwas wie UI/UX das Alleinstellungsmerkmal – den USP – bedeuten kann. Apple hat mit dem iPhone gezeigt, welche enormen Auswirkungen Design und Bedienphilosophie haben können, wenn sie richtig eingesetzt werden.

*USP*

Wie kaum ein anderes Unternehmen hat Apple über ausgezeichnete User Experience ihre Marke gestärkt. Jeder, der an anspruchsvolles Design und verständliche Bedienung denkt, verbindet dies mit der Marke Apple. Neben begeisterten Anwendern und überzeugten Käufern leistet durchdachtes UI/UX einen wichtigen Teil zur Markenbildung. Und letztlich rechtfertigt Apple damit auch seine hohen Preise.

> **WISSEN**
>
> Das User Interface (UI) ist die Schnittstelle zwischen Anwender und Maschine. Diese Art der Benutzerschnittstelle gehört zu den Mensch-Maschine-Schnittstellen (MMS). Dazu zählen haptische Interfaces wie ein Schalter und moderne Steuerung per Touch-Display, Blick-, Gesten- oder Sprachsteuerung.

*User Interface (UI)*

### Was macht eine erfolgreiche Anwendung aus?

Je neuartiger und für den Menschen ungewohnter die zu bedienenden Geräte und Technologien sind, desto intuitiver und durchdachter müssen UI und UX sein. Unser Gehirn ist vor allem darauf ausgelegt, Regelmäßigkeiten in unserer Umwelt herauszufinden, um Voraussagen machen zu können und damit die Möglichkeit für zielgerichtete Handlungen zu haben. Einen Lichtschalter beispielsweise kennen wir schon lange. Wir haben die Funktionsweise gelernt. Kleine Kinder kennen heute Touch-Screens von Kindesbeinen an. Neue Technologien und ihre Regelmäßigkeiten müssen wir erst erlernen.

Die Häufigkeit und Fülle, in der Technologie heute in unser Leben tritt, hat es nötig gemacht, User Interfaces so intuitiv wie möglich zu gestalten. Keiner kann und will ewig eine neue App lernen, vor allem wenn sie nur eine Kleinigkeit erledigt. Bedienerfreundlichkeit ist aufgrund der starken Konkurrenz zum Selektionsmerkmal geworden. Jedes Produkt ist anders, jede App hat andere Features. Deshalb müssen auch UI und UX sehr individuell entwickelt werden.

Für AR/MR-Anwendungen kann nur in geringem Maße auf die Erfahrungen im Bereich normaler Apps zurückgegriffen werden. Die Art der Kombination aus realer Welt und digitalem Content mithilfe von Kamera und Display ist den wenigsten Menschen vertraut. Dieser Schnittstelle muss ein bedeutendes Maß an Aufmerksamkeit geschenkt werden, wenn die Anwendung Erfolg haben soll. Dies gilt insbesondere für solche Daten- und Mixed-Reality-Brillen. Bekannte Gesten von Smartphones und Tablets lassen sich nicht einfach übertragen. Gleichzeitig soll eine natürliche Bedienung erreicht werden, damit die Brillen bei den Anwendern auf Akzeptanz stoßen. Dass wir uns schwer tun, viele neue Gesten zu lernen, hatte die erste Version der Leap-Motion-Kamera gezeigt: Die Entwickler wollten völlig neue Gesten einführen, die sich zu diesem frühen Zeitpunkt für die Anwender sehr ungewöhnlich und unnatürlich anfühlten. Letztendlich verstaubte das Gerät wortwörtlich in den Regalen bis die zweite, deutlich verbesserte Version erschien.

Microsoft hingegen hat das bei der HoloLens sehr ordentlich gelöst. Die Fingerklick-Geste ist den meisten Anwendern schon nach wenigen Minuten vertraut – ähnlich zu erlernen wie die erste Anwendung einer Computermaus. Auch Meta hatte bei der ersten Version der Brille zu kämpfen und nutzte das Feedback der Tester, um die Folgeversion deutlich intuitiver zu gestalten. Heute werden die einzelnen Eingabemethoden meist vereinzelt eingesetzt, aber wenig kombiniert. Dabei stehen mit Gesten-, Sprach- und Blicksteuerung (Eye-Tracking) sowie der Bedienung mit externen Touch-Pads oder Controllern eine ganze Bandbreite an Möglichkeiten zur Verfügung. Die Sprachsteuerungen werden ständig besser, die Finger- und Handgesten natürlicher. Der Einsatz der Augen- bzw. Blicksteuerung wird die User Interfaces bereichern, weil es eine sehr natürliche Art der Steuerung ist. In der Zukunft werden wir gerade

## User Experience und User Interface (UX/UI)

bei den Brillen völlig neue, stärker holografische Interfaces zur Verfügung haben.

### PRAXISIMPULS

Es gibt kein Standardschema für die Entwicklung von User Experience und User Interface für Augmented und Mixed Reality. Es ist eine Mischung aus Erfahrung und iterativer Entwicklung mit User-Tests.

Bei der Entwicklung von UI und UX für AR/MR-Apps spielen unterschiedliche Motive eine Rolle: Ziele, Zielgruppen, Content, Plattform, Device, CI-Richtlinien.

Abb. 60:
Iterative Entwicklung von UI/UX-Elementen
Quelle: Laura Klein (2013)[10]

User Centered Design

Seit den 1990er Jahren hat sich das User Centered Design (UCD) durchgesetzt. Dieses Prozessmodell für die Entwicklung von Interfaces ist in vier wesentliche Schritte eingeteilt:

### PROZESSMODELL: USER CENTERED DESIGN (UCD)

- Analyse des Nutzungskontextes
- Definition der Anforderungen
- Konzeption und Entwurf/Prototyping
- Evaluation

Dieser nutzerorientierte Gestaltungsprozess, der sich meist an der Norm DIN EN ISO 9241–210 orientiert, stellt die Usability in den Mittelpunkt. Bereits 1985 haben Gould und Lewis[11] folgende Prinzipien für die Entwicklung von Software definiert:

### PRINZIPIEN DER SOFTWAREENTWICKLUNG

- Iteratives Vorgehen
- Frühe Fokussierung auf Nutzer- und Aufgabenanforderungen
- Empirische Überprüfung der Entwürfe durch Nutzer

**Was macht eine erfolgreiche Anwendung aus?**

Für AR- und MR-Projekte ist dies aktueller denn je. Die Gestaltung der Szenen und deren Bedienung müssen in jedem Projekt in iterativen Schritten mit unterschiedlichen Personen getestet und verbessert werden. Es ist ein Annäherungsprozess, der die intuitive Bedienung und das größtmögliche Nutzererlebnis als Ziel hat.

Prototyp

Der erste Schritt heißt auch hier: einen Prototypen bauen. Schritt für Schritt wird dann der Content hinzugefügt und die Interaktionen werden eingebaut, bis am Schluss ein fertiges Modell der App für Tests außerhalb des Projektteams bereitsteht.

Je früher getestet werden kann, desto einfacher lassen sich die Erkenntnisse aus den User-Tests in die weitere Entwicklung von UX/UI einbinden. Die Gründe dafür haben wir bereits in → Kapitel 5, S. 129 erklärt.

Diesbezüglich empfehlen wir die Lektüre von *Sprint: How to solve big problems and test new ideas in just five days*[12], geschrieben von Google Ventures-Mitarbeitern. Auch hier wird der Fokus darauf gelegt, schnell Entscheidungen über die Elemente im Prototypen zu treffen. Ist etwas gut, bleibt es drin – ist es nicht überzeugend, dann fliegt es raus. Zügige Iterationsschleifen ohne zeitfressende Meetings mit großen Teams – eigentlich nichts Neues. Jeder, der Konzepte entwirft, weiß, dass es sich besser über konkrete Entwürfe diskutieren lässt, als in zahlreichen Meetings über Ideen zu fantasieren. Und das Wichtigste: Iteration spart in der Entwicklung Zeit und Geld.

Iteration

Aus unserer Praxiserfahrung wissen wir, dass Unternehmen meist eigene Vorstellungen bezüglich UI und UX haben – insbesondere was das Design betrifft. Teils sind es Elemente, die auch in anderen Kanälen genutzt werden, teils stammt es aus normalen Apps. Hier können wir nur die Empfehlung geben: Überlassen Sie die Entwicklung von User Experience und User Interface den Spezialisten. Mittlerweile sind dies häufig Kognitionswissenschaftler, die wissen, wie unser Gehirn tickt und auf welche Reize es wie reagiert. Zusätzlich werden Experten aus den Bereichen der Zielgruppen hinzugezogen, die mit der Sprache der Nutzer vertraut sind. Das können Spezialisten aus dem Marketing, dem Engineering oder dem Customer Support sein.

Wir erleben es immer wieder, dass Verantwortliche aus unterschiedlichsten Unternehmensbereichen ihre Ideen verwirklicht wissen wollen. Leider ist dieses Vorgehen nicht zielführend. Der Nutzer gehört in den Fokus und nicht die Eitelkeit eines Projektleiters. Wir sagen dies so deutlich, weil es gerade bei AR/MR-Anwendungen einen großen Einfluss auf den Erfolg der App hat.

Wir haben es bereits ausgeführt: Das Testen ist der zentrale Schritt. UI und UX lassen sich in bestimmtem Maße auch messen. Neben Eye-Tracking können auch die verwendeten Gesten auf dem Touch-Display getrackt werden. Dadurch lässt sich eine quantifizierte Verhaltensanalyse erstellen. Standardisierte Fragebögen stellen eine weitere Möglichkeit dar, um UX/UI zu messen.

> **PRAXISIMPULS**
>
> Weniger quantifizierbar, dafür noch wichtiger in der Entwicklungsphase sind Interviews und Beobachtung als Evaluierungsmethoden. Insbesondere die Beobachtung erlaubt wichtige Rückschlüsse auf Usability und User Experience. Ein Interview im Anschluss hilft dabei, die Erkenntnisse zu strukturieren.

Neben der Bedienlogik selbst geht es auch um die Erklärung derselben. Nicht immer lassen sich Anwendungen selbsterklärend gestalten. Je mehr Content und Features eine App hat, desto mehr Erklärung muss vorhanden sein. Die Bedienung und die Funktionen der App können dabei in die Interaktionen integriert sein, auf Abruf zur Verfügung stehen oder auch beim Start der App eingeblendet werden. Dies ist abhängig vom Konzept und den Anforderungen der Zielgruppen.

## 5. Channel oder eigene App?

Was genau ein AR-Browser und eine AR/MR-App ist, haben wir bereits in → Kapitel 2 erläutert. Im Folgenden wollen wir nun aufzeigen, was die Vor- und Nachteile von beiden Lösungen sind und welche Überlegungen sich Unternehmen machen sollten, wenn sie sich mit dem Gedanken tragen, AR/MR einzusetzen.

*AR-Browser*
*App*

> **PRAXISIMPULS**
>
> Das schlagkräftigste Argument bezüglich des Einsatzes eines AR-Browsers sind ganz klar die niedrigeren Entwicklungskosten. Denn es kostet viel weniger, die Inhalte über einen Kanal eines bestehenden Browsers wie Aurasma, Layar oder Wikitude etc. zu verbreiten, als dafür eine eigene App entwickeln zu lassen.

Ein weiterer Vorteil von Channels kann im Bekanntheitsgrad bereits etablierter AR-Browser liegen. Eine eigene App kennt zunächst keiner, sofern es sich nicht um eine bereits bestehende oder die eines bekannten Unternehmens handelt. Sie bekannt zu machen, ist mit einem beträchtlichen Werbeaufwand verbunden. Für größere Firmen mag das wohl gehen, kleinere Firmen müssen sich gut überlegen, ob sie dazu die nötigen Mittel haben und ob es nicht sinnvoller wäre, auf einen AR-Browser zurückzugreifen, der bereits von vielen Nutzern verwendet wird. Zumal es heute gar nicht mehr so einfach ist, die Leute dazu zu bringen, eine weitere Spezial-App herunterzuladen – insbesondere wenn der Nutzer nicht genau weiß, ob er dadurch auch wirklich einen Mehrwert bekommt oder ob es sich dabei (wie es leider häufig vorkommt) einmal mehr nur um eine Eintagsfliege handelt.

Allerdings muss sich ein Unternehmen bewusst darüber sein, dass es automatisch auch Werbung für den AR-Browser macht, wenn es den Firmenkanal bewirbt. Und eventuell ist dort auch die Konkurrenz mit einem Kanal vertreten und steht bezüglich Positions-Ranking womöglich sogar noch besser da.

Für AR-Browser spricht wiederum, dass es sie bereits für alle relevanten Plattformen (iOS, Android etc.) gibt. Das bedeutet: Entwickelt man einen Kanal für einen der Browser, ist man automatisch auf allen Plattformen vertreten – ohne zusätzliche Mehrkosten. Früher war das bei eigenen Apps ein deutlicher Nachteil, weil diese für jedes Betriebssystem neu programmiert werden mussten. Mittlerweile werden Augmented-Reality-Szenen aber meist mit der bekannten Game Engine *Unity3D* erstellt. Unity erlaubt per Cross-platform-scripting[13], dass der programmierte Code auf einer Vielzahl von Plattformen läuft (u. a. iOS, Android, Windows, Linux, Blackberry). Damit entfällt die komplette Neuprogrammierung. Was allerdings immer noch nicht zu vermeiden ist (und das trifft hauptsächlich auf Android zu): Anpassungen an viele unterschiedliche Displaygrößen, Geräte mit unterschiedlicher Performance und eine große Verteilung bei den installierten Betriebssystemversionen.

### PRAXISIMPULS

Dafür ist man bei einer eigenen App bei der Wahl der Features deutlich freier, da ein AR-Browser natürlich nicht mit einer individuell programmierten App konkurrieren kann. Design und Usability können bei einem AR-Browser nur bedingt angepasst werden. Mit einer eigenen App behält das Unternehmen die uneingeschränkte Branding-Hoheit und das Corporate Design kann auch bei der App angewendet werden.

Dazu kommt, dass die AR-Browser aufgrund ihrer Standardisierung einen begrenzten Umfang an Funktionen erlauben. So lassen sich beispielsweise 3D-Modelle darstellen, sind allerdings in ihrer Qualität (Anzahl an Polygonen) begrenzt. Ebenso lassen sich Interaktionen an den Modellen lediglich in limitierter Art und Anzahl einbinden.

In den Jahren 2015/2016 zeigte sich eine deutliche Entwicklung: Anwendungen für Smartphones und Tablets wurden meist in eigenen Apps veröffentlicht bzw. in vorhandene integriert.

*Polygone*

## Channel oder eigene App?

Mixed-Reality-Anwendungen für Smart Glasses landen fast ausschließlich in Apps, wenn man von den eigenen Microsoft-Channels absieht. Wobei dabei eher von eigenen Stores wie bei Mobile-Apps anstatt von Channels die Rede ist. AR-Anwendungen im Printbereich nutzen nach wie vor Channels von Wikitude, Layer oder auch das geschlossene System von Blippar.

Mittlerweile haben viele Anbieter von AR-Browsern auf das Bedürfnis reagiert, die Inhalte lieber in einer (bereits bestehenden) eigenen App anzubieten, anstatt in der Masse der Kanäle des Browsers unterzugehen. Sie bieten nun Plug-ins an, die sich in die eigene App integrieren lassen. Damit kann dann auf festgelegte Browser-Kanäle zugegriffen werden.

*Plug-in*

Ein weiterer Vorteil einer eigenen App besteht darin, dass sämtliche Inhalte (Informationen, 3D-Grafiken, Bilder, Texte etc.) in der Anwendung selbst untergebracht werden können. Zum einen ist man so nicht von einem AR-Browser abhängig und zum anderen benötigt der Nutzer für den Einsatz der App nicht zwingend eine Internetverbindung – im Gegensatz zu einem AR-Browser, wo der Content auf dem Server des Anbieters liegt und bei Benutzung des Channels erst von dort abgerufen werden muss. Je nach Art und Einsatzort der Anwendung ist das ein entscheidender Faktor. So wird beispielsweise eine Augmented-Reality-Tour oder ein interaktiver Messebesuch bei den Nutzern wohl keine Begeisterungsstürme hervorrufen, wenn die Netzabdeckung so schlecht ist, dass die Inhalte nicht aufgerufen werden können. Ebenfalls problematisch wird es, wenn Touristen aus dem Ausland die Anwendung nutzen wollen. Denn dadurch entstehen für diese unter Umständen horrende Roamingkosten.

*Netzabdeckung*

Die Unterbringung aller Inhalte in einer App birgt allerdings wieder einen Nachteil. Denn dadurch benötigt sie sehr viel Speicherplatz, über welchen Mobilgeräte aber nur begrenzt verfügen. Zudem muss der Nutzer die App zuerst herunterladen, bevor er sie einsetzen kann – wofür wiederum eine ausreichende Netzverbindung oder optimalerweise WIFI vorhanden sein muss (bei einer App über 100 MB geht der Download im Apple App Store beispielsweise nur über WIFI).[14]

Auf der Pro-Seite ist zu verbuchen, dass Inhalte für den Nutzer sofort verfügbar sind und es beim Einsatz der App kaum zu störenden Ladezeiten kommt. Wohingegen die Inhalte bei einem AR-Browser fortwährend geladen werden müssen. Je nach Art der Internetverbindung und der Größe der Inhalte kann es darum zu Stockungen kommen oder die Verbindung kann sogar ganz ausfallen.

Was sich bei AR-Browsern leider noch problematisch gestaltet, sind die fehlenden Standards. Denn bei jedem Anbieter werden andere Anforderungen an die Aufbereitung der Inhalte gestellt. Das bedeutet: Will ein Unternehmen nicht nur in einem, sondern in allen bedeutenden AR-

### Was macht eine erfolgreiche Anwendung aus?

Browsern vertreten sein, müssen die Inhalte jedes Mal in einem anderen Format angeliefert werden, damit sie dort aufgerufen werden können. Dies ist natürlich wieder zeitintensiv und produziert Mehrkosten.

|  | AR-Browser | App |
|---|---|---|
| **Vorteile** | ▸ niedrigere Entwicklungskosten<br>▸ hoher Bekanntheitsgrad<br>▸ mit einem Kanal ist man automatisch auf allen Plattformen vertreten<br>▸ Möglichkeit, via Plug-ins aus der eigenen App auf festgelegte Kanäle zuzugreifen | ▸ deutlich freier bei der Wahl der Features<br>▸ uneingeschränkte Branding-Hoheit/Corporate Design<br>▸ alle Inhalte können in der App untergebracht werden<br>▸ nicht von AR-Browser abhängig<br>▸ für Einsatz keine Internetverbindung nötig<br>▸ keine störenden Ladezeiten |
| **Nachteile** | ▸ Design und Usability können nur bedingt angepasst werden<br>▸ Internetverbindung zwingend nötig<br>▸ Inhalte können bei schlechter Netzabdeckung nicht aufgerufen werden, störende Ladezeiten<br>▸ Werbung kommt nicht nur dem eigenen Unternehmen zugute<br>▸ hohe Roamingkosten für ausländische Touristen<br>▸ fehlende Standards für Aufbereitung von Inhalten<br>▸ ggf. Hemmschwelle beim Download, da nicht die bekannte Marke auf der App steht, sondern ein häufig unbekannter Channel-Name. | ▸ Programmierung ist aufwändig und teuer, muss für jedes Betriebssystem neu programmiert werden<br>▸ benötigt unter Umständen viel Speicherplatz<br>▸ hoher Werbeaufwand nötig, um App bekannt zu machen<br>▸ Zögerlichkeit der Nutzer, noch eine App herunterzuladen<br>▸ automatische Mitvermarktung des AR-Browsers (und eventuell auch der Konkurrenz) |

Tab. 1:
Vor- und Nachteile von AR-Browser und eigener App

## 6. Welche Evaluierungsmöglichkeiten bieten sich an?

Wer eine Augmented-Reality- oder Mixed-Reality-App bzw. Content für bestehende Apps entwickelt, der muss im Nachhinein auch den Erfolg messen können. Insbesondere neue Medien und Tools stehen unter starker Beobachtung, wie sie sich im Vergleich zu traditionellen Kanälen schlagen. Häufig sind es innovative Kommunikations- und Marketingmanager, die den Mut haben, etwas Neues zu versuchen. Ist das Management überzeugt und das Budget verfügbar, so braucht es auch eine aussagekräftige Erfolgsmessung.

Erfolgsmessung

## Welche Evaluierungsmöglichkeiten bieten sich an?

Im Marketing und stärker noch in der Kommunikation ist die Evaluation vielfach eine Herausforderung. Nicht alles lässt sich vernünftig quantifizieren. Zumindest haben wir bei AR und MR den Vorteil, dass eine Reihe an Standardwerten mit bekannten Tools ausgewertet werden können. Klar ist aber auch, dass sich noch nicht alles in Zahlen fassen lässt, was erkennbar einen Vorteil bringt.

Bei Brillen-Anwendungen stehen wir erst am Anfang: Hier gibt es neue Interaktionen und Möglichkeiten, deren Nutzen getestet werden kann. Beispielsweise lässt sich der Blick – ähnlich wie bei Eyetrackern für Anzeigen oder Websites – analysieren. Künftig wird vermehrt auf Blicksteuerung für Brillen gesetzt werden, was eine sehr detaillierte Anwendung von sogenannten Heat Maps – Karten mit den Ergebnissen der Klick- oder Blickanalyse – erlaubt.

*Heat Maps*

AR/MR-Apps können isoliert betrachtet und ausgewertet werden, um den Erfolg zu messen. Um eine bessere Erfolgsmessung zu erhalten, kann die Anwendung mit anderen genutzten Kanälen verglichen werden. Damit lässt sich beurteilen, ob AR/MR einen größeren Erfolg erzielen konnte als andere Medien. Ein hundertprozentiger Vergleich ist meist aber nicht gegeben, weil sich Faktoren ändern.

Eine weitere Möglichkeit besteht darin, den Anteil des Erfolgs von AR/MR im Rahmen einer Kampagne zu verfolgen. Welcher Anteil am Erfolg der Kampagne entstand durch die Einbindung von Augmented und Mixed Reality?

Bisher gibt es kaum verlässliche Studien und Zahlen zur Evaluation. Die Auswertungen bleiben meist in den Unternehmen und werden nicht veröffentlicht. In manchen Fällen gibt es aber zumindest ein paar Anhaltspunkte. In → Kapitel 4 auf S. 109 haben wir den Case von Monarch Airlines besprochen. Die AR-Box hatte 1.750 Unique User, die im Kampagnenzeitraum rund 8.000 Interaktionen durchführten. Die AR-Kampagne führte knapp 22 Prozent mehr Besucher auf die Website von Monarch Airlines und sorgte für einen Return on Invest (ROI) in Höhe von umgerechnet 2,7 Millionen Euro.[15] Natürlich ist uns bewusst, dass wir die Zahlen nicht belegen können, sondern auf die Angaben der Unternehmen vertrauen müssen. Die Relationen allerdings lassen darauf schließen, dass es reale Angaben sind.

### PRAXISIMPULS

Je mehr Interaktionen die Anwender nutzen, desto intensiver befassen sie sich mit der AR/MR-App und somit natürlich mit dem Content: den Produkten oder Dienstleistungen der Unternehmen.

**Was macht eine erfolgreiche Anwendung aus?**

Wer schon einmal eine AR/MR-Anwendung analysiert hat, der weiß, dass unter den Interaktionen auch Versuche stecken können, bei denen der Anwender nicht wirklich interagieren konnte, weil das Tracking nicht sauber funktionierte und abbrach. Deswegen sollten einerseits die Anzahl der Interaktionen und andererseits die Anzahl der Tracking-Abbrüche verglichen werden.

Wer Apps analysieren will, sollte Erfahrung in der Auswertung mit Augmented und Mixed Reality haben. Ein Beispiel ist die Evaluation der Verweildauer. Eine lange Verweildauer ist ebenso wie eine hohe Anzahl an Interaktionen ein Anzeichen für aktive Nutzung und hohes Involvement: Der Anwender befasst sich intensiv mit dem Content. Bei AR/MR kann die Verweildauer allerdings auch dadurch erhöht werden, dass der Anwender den Kamera-Modus startet, die erste Interaktion ansteuert und anschließend das Smartphone, Tablet oder die Datenbrille auf die Seite legt. Ist die Kamerafunktion weiterhin am Laufen, so erhöht dies die Verweildauer. Hier sind also ebenso die Anzahl und die Art der Interaktionen zu vergleichen, um ein aussagekräftiges Ergebnis zu erhalten.

### Empirische Methoden für die Erfolgsmessung

Zu Beginn des Kapitels haben wir erwähnt, dass es wichtig ist, zu einem frühen Zeitpunkt über die erforderlichen Indikatoren für die Erfolgsmessung nachzudenken. Zum einen müssen die Programmierer dies berücksichtigen, zum anderen ist es eine Grundvoraussetzung für ein aussagekräftiges Ergebnis.

**WISSEN**

Aus der empirischen Forschung wissen wir, dass es zwei unterschiedliche Methoden gibt: die quantitative und die qualitative Forschung. Während die quantitative Forschung auf zahlenmäßig darstellbaren, abstrakten Daten beruht, die z. B. aus Tests oder Fragebögen gewonnen werden, verwendet die qualitative Forschung Daten u. a. aus Texten, Bildern oder Filmen.

Daten aus quantitativer Forschung können aufgrund ihrer Standardisierung meist einfacher ausgewertet werden, was zu einer größeren Vergleichbarkeit der Daten führt. Es kann vorkommen, dass die Bedeutung der aus der qualitativen Forschung gewonnenen Daten nicht eindeutig ist, weshalb sie um die Kontextbedingungen ergänzt werden müssen. Dafür ist bei der qualitativen Forschung ein stärker detailliertes Ergebnis zu erwarten.[17]

Für unsere Belange wäre es empfehlenswert, beide Verfahren anzuwenden. Aufgrund des größeren Aufwands in der qualitativen Untersuchung und der geringeren Vergleichbarkeit als bei quantitativen Metho-

## Welche Evaluierungsmöglichkeiten bieten sich an?

den wird jedoch meistens darauf verzichtet. Üblicherweise werden Tools wie Google Analytics verwendet, die bereits im Unternehmen eingesetzt werden. Dabei sind es vor allem die weichen Faktoren, wie Usability und Erlebnisfaktor, die mit quantitativen Methoden nur erahnt werden können.

Der Erfolg einer AR-App lässt sich nach unserer Erfahrung in fünf Kategorien ablesen.

> **FÜNF KATEGORIEN FÜR DEN ERFOLG MIT AR**
> - **Akzeptanz** in der Zielgruppe
> - **Relevanz** für die Zielgruppe
> - **Informationsgehalt**
> - **Erlebnisfaktor**
> - **Usability**

Die fünf Kategorien lassen sich mit verschiedenen Key-Performance-Indikatoren messen – qualitativ und quantitativ. Jede App ist anders und jedes Unternehmen hat eigene Kriterien für die Erfolgsmessung. Nachfolgend listen wir als Grundlage die wichtigsten KPIs für Augmented und Mixed Reality auf, die noch stark auf Anwendungen für Smartphones und Tablets fokussieren. Einige davon sind von Mobile Apps und Onlinemedien bekannt.

| Key-Performance-Indikator (KPI) | Methodik |
|---|---|
| Anzahl App-Downloads | z. B. iTunes Connect, Google Developer Console |
| Besucher (Unique Visitors) | Analyse-Tools |
| Bildschirmaufrufe (Visits) | Analyse-Tools |
| Anzahl der Interaktionen/User | Analyse-Tools |
| Anzahl der Interaktionen/Szene | Analyse-Tools |
| Conversion Rate | Analyse-Tools |
| Aufruf/Abbruch Tracking | Analyse-Tools |
| Verweildauer | Analyse-Tools |
| Betriebssystem der Geräte | Analyse-Tools |
| Art der Mobilgeräte | Analyse-Tools |
| Regionale Herkunft | Analyse-Tools |
| Verzweigung zu anderen Onlineplattformen im Unternehmen (Website, Onlineshop etc.) | Analyse-Tools |

*Quantitative Evaluation*

Google Analytics

Usability

Key-Performance-Indikatoren (KPI)

Tab. 2: KPIs für quantitative Evaluation

**Was macht eine erfolgreiche Anwendung aus?**

| | Key-Performance-Indikator (KPI) | Methodik |
|---|---|---|
| Qualitative Evaluation | Informationsgehalt | Interview, Feedback |
| | Lerneffekt | Interview, Experiment |
| | Erlebnisfaktor | Interview, Beobachtung |
| | User Interface/Usability | Interview, Feedback, Beobachtung |
| | User Experience/Storytelling | Interview, Feedback, Beobachtung |
| | Soziografische Merkmale[18] | Interview |

Tab. 3:
KPIs für qualitative Evaluation

### Tools für die Erfolgsmessung

Für die Analyse von Mobile Apps und die Auswertung der User-Aktivitäten gibt es eine Vielzahl unterschiedlicher Tools.[19] Wir wollen uns auf die Systeme konzentrieren, die u. a. Interaktionen und Anwenderpfade messen. Wer tiefer in das Thema einsteigen möchte, der findet am Ende des Kapitels unsere Lesetipps.

Das bekannteste Tool für die Auswertung von Online- und Mobile-Maßnahmen ist Google Analytics. Es bietet eine Fülle an Informationen und Möglichkeiten zur Individualisierung – und obendrein ist es kostenlos. Sämtliche der genannten KPIs für quantitative Erfolgsmessung lassen sich mit Analytics auswerten. In → Abb. 61 sind die Aufrufe der unterschiedlichen Bildschirminhalte über einen definierten Zeitraum aufgelistet.

Abb. 61:
Auswertung der aufgerufenen Bildschirminhalte mit Google Analytics
Quelle: Eigene Abbildung

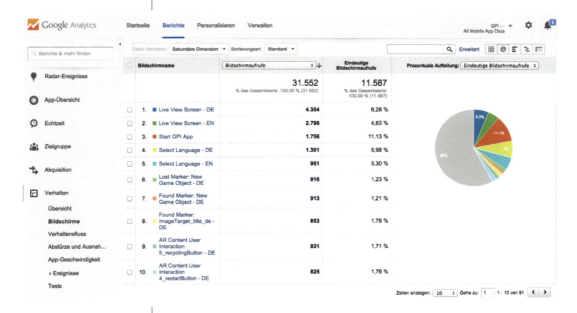

## Welche Evaluierungsmöglichkeiten bieten sich an?

Mit Tools wie Google Analytics oder dem kostenpflichtigen Flurry Analytics lassen sich auch die genauen Schritte der Anwender durch die App verfolgen: die User Paths. Hier wird deutlich, wo die Benutzer bevorzugt interagieren oder wo sie abbrechen – entweder, weil der Content uninteressant, das User Interface wenig intuitiv gestaltet oder das Tracking instabil ist. Es kann natürlich auch sein, dass sie etwas anderes erwartet haben oder ganz einfach das erhalten haben, wonach sie gesucht haben. Dies lässt sich mit quantitativen Methoden nicht evaluieren. Hierzu müssten zusätzlich qualitative Elemente wie Interviews oder Feedback-Fragebögen eingesetzt werden.

Flurry Analytics

User Paths

Abb. 62:
User Path in einer AR-Anwendung mit Google Analytics
Quelle: Eigene Abbildung

### PRAXISIMPULS

Zusammengefasst gibt es also harte Faktoren (z. B. Anzahl der Interaktionen) und weiche Faktoren (z. B. Usability). Gleichzeitig gibt es viele Einflussfaktoren, die in den Ergebnissen enthalten sind. Möglicherweise sorgt eine weitere Marketingkampagne oder PR-Maßnahme für Aufmerksamkeit und die AR/MR-App profitiert davon oder das Unternehmen gerät in eine Krisensituation und die Nutzung stagniert. Bei der Erfolgsmessung sind zusätzlich zu den qualitativen und quantitativen Methoden also auch eine Portion gesunder Menschenverstand und Einblicke ins Unternehmen erforderlich.

### Was macht eine erfolgreiche Anwendung aus?

#### Rechtliche Vorgaben zu Google Analytics für Mobile Apps

Analytics lässt sich in jede Mobile App integrieren. Neben den Standardauswertungen ist es für die Programmierung wichtig, welche KPIs für die Anwendung zentral sind. Dies kann je nach Anwendungszweck und Unternehmen unterschiedlich sein. Überaus wichtig ist bei dem Thema, dass die rechtlichen Vorgaben umgesetzt werden.

**PRAXISIMPULS**

Während beispielsweise das Impressum in der App dem des Webauftritts ähnelt oder meist identisch ist, muss bei Mobile Apps auf das Thema *Opt-out* geachtet werden. Bei Internetbrowsern ist es üblich, für Google Analytics eine Option zur Vermeidung der Aufzeichnung der User-Aktivitäten anzubieten.

*Opt-out*

Per Weblink kann der Anwender die Aufzeichnung deaktivieren. Dies geschieht über ein Add-on im Browser. Die Browser von Mobilgeräten unterstützen die Funktionalität meist nicht. Deshalb empfehlen sowohl Google als auch Datenschützer[20] hierfür eine Abwahlmöglichkeit des Punkts „Daten senden" direkt in der App.

**LESETIPPS**

- Scoble, Robert/Israel, Shel (2013): *The Age of Context: Mobile, Sensors, Data and the Future of Privacy*, CreateSpace Independent Publishing Platform.
- Baetzgen, Andreas/Tropp, Jörg (2013): *Brand Content – Die Marke als Medienereignis*, Schäffer-Poeschel-Verlag.
- Klein, Laura (2013): *UX for Lean Startups: Faster, Smarter User Experience Research and Design.* O'Reilly Media.
- Knapp, Jake/Zeratsky, John/Kowitz, Braden (2016): *Sprint: How to Solve Big Problems and Test New Ideas in Just Five Days.* Transworld Publishers Ltd.
- Crum, Cindy (2011): *Mobile Marketing: Erreichen Sie Ihre Zielgruppen*, Pearson Deutschland, Addison-Wesley Verlag.

## Anmerkungen

[1] von Gagern, Stefan (2013): *Agile Entwicklung, frühe Seitentests: Projektmanagement für Web-Entwickler*, Abgerufen am 01.07.2017 von http://www.computerwoche.de/a/projektmanagement-fuer-web-entwickler,2528465.

[2] Ries, Eric (2014): *Lean Startup: Schnell, risikolos und erfolgreich Unternehmen gründen*, Redline Verlag.

[3] Liker, Jeffrey (2004): *The Toyota Way: 14 Management Principles from the World's Greatest Manufacturer*, Auflage: 1. McGraw-Hill.

[4] Csikszentmihalyi, Mihaly (1990): *Flow the Psychology of Optimal Experience*, New York: Harper & Row.

[5] Baetzgen, Andreas/Tropp, Jörg (2013): *Brand Content: Die Marke als Medienereignis*, Stuttgart: Schäffer-Poeschel.

[6] Sherry, John L. (2004): *Flow and Media Enjoyment*, In: Communication Theory. 14 (4), S. 328–347, doi: 10.1111/j.1468-2885.2004.tb00318.x.

[7] Scoble, Robert/Israel, Shel (2013): *The Age of Context. Mobile, Sensors, Data and the Future of Privacy*, CreateSpace Independent Publishing Platform.

[8] Hahn, Carsten H. (2002): *Segmentspezifische Kundenzufriedenheitsanalyse: neue Ansätze zur Segmentierung von Märkten*, Springer-Verlag.

[9] Wikipedia (2014): *Vitruv*, Abgerufen am 01.07.2017 von http://de.wikipedia.org/wiki/Vitruv

[10] Klein, Laura (2013): *UX for Lean Startups: Faster, Smarter User Experience Research and Design*, O'Reilly Media.

[11] Gould, John/Lewsi, Clayton (1985): *Designing for usability: key principles and what designers think*, (Volume 28, Issue 3) New York/USA (Communications of the ACM).

[12] Knapp, Jake/Zeratsky, John/Kowitz, Braden (2016): *Sprint: How to Solve Big Problems and Test New Ideas in Just Five Days*. Transworld Publishers Ltd.

[13] Unity: *Ein Build, Bereitstellung überall*. Abgerufen am 01.07.2017 von http://unity3d.com/unity/multiplatform.

[14] Apple Inc. (2017): *App Store Review Guidelines*. Abgerufen am 01.07.2017 von https://developer.apple.com/app-store/review/guidelines/.

[15] Runacus, Mark (2014): *2013 Grand Prix Winner. DMA Awards*. Abgerufen am 01.07.2017 von http://www.dmaawards.org.uk/2013-grand-prix-winner.

[16] Kornfeld, Henning (2013): *Die Zauberlehrlinge der Verlagsbranche*, Kress Report, 2013, S. 16–17.

[17] Witt, Harald (2001): *Strategies in Qualitative and Quantitative Research*, In: Forum Qualitative Sozialforschung/Forum: Qualitative Social Research. 2 (1).

[18] Krum, Cindy (2011): *Mobile Marketing: Erreichen Sie Ihre Zielgruppen*, Auflage: 1. München u. a.: Addison-Wesley Verlag.

[19] Web Analytics Tools (2014): *Web Analytics Tools*, Abgerufen am 01.07.2017 von https://web-analytics-tools.com/anbieter.html.

[20] HmbBfDI (2017): *Google Analytics - Hinweise für Webseitenbetreiber in Hamburg*. Abgerufen am 01.07.2017 von https://www.datenschutz-hamburg.de/uploads/media/GoogleAnalytics_Hinweise_fuer_Webseitenbetreiber_in_Hamburg_2017.pdf.

# Kapitel 6
# Praxiswissen: Von der Idee zur App

> **UM DAS GEHT'S!**
>
> ▶ 10 Milestones in der Praxis: Von der Idee zur App
> ▶ Wie werden Ideen für AR/MR-Umsetzungen entwickelt?
> ▶ Wie lässt sich eine AR/MR-Anwendung kalkulieren?
> ▶ Welche Bausteine hat eine App?
> ▶ Was ist bei User-Tests zu beachten?
> ▶ Welche Besonderheiten gibt es bei Apple & Co. zu beachten, damit die App in die Stores kommt?

## 1. Entwicklung einer App im Überblick

Nachdem wir uns mit dem Konzept, dem möglichen Content und den App-Varianten befasst haben, führen wir nun alles zusammen. Einen Überblick zu den zehn wesentlichen Milestones auf dem Weg von der Idee bis zum App Store vertiefen wir mit Erfahrungswerten aus der Umsetzung zahlreicher Apps. Dabei geht es um den zeitlichen Ablauf, die wesentlichen Faktoren in der Kalkulation und die praktische Umsetzung, bis die App veröffentlicht ist.

In der folgenden → Infografik sind die wichtigen Milestones auf dem Weg zur fertigen AR/MR-Anwendung in den Stores dargestellt. Sie zeigt den Ablauf Schritt für Schritt und Sie bekommen eine konkrete Vorstellung darüber, was notwendig ist und wie viel Zeit Sie dafür einplanen müssen. Die in der Infografik beispielhaft illustrierten zwölf Wochen sind ein Durchschnittswert. Letztendlich ist der exakte Zeitbedarf von verschiedenen Faktoren abhängig.

*wichtige Milestones*

Praxiswissen: Von der Idee zur App

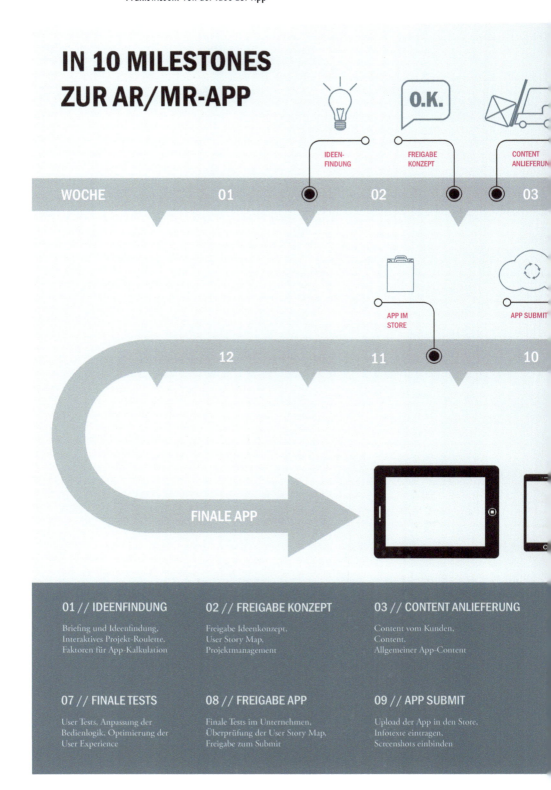

# IN 10 MILESTONES ZUR AR/MR-APP

WOCHE — 01 — IDEEN-FINDUNG — 02 — FREIGABE KONZEPT — 03 — CONTENT ANLIEFERUNG

12 — FINALE APP — 11 — APP IM STORE — 10 — APP SUBMIT

**01 // IDEENFINDUNG**
Briefing und Ideenfindung,
Interaktives Projekt-Roulette,
Faktoren für App-Kalkulation

**02 // FREIGABE KONZEPT**
Freigabe Ideenkonzept,
User Story Map,
Projektmanagement

**03 // CONTENT ANLIEFERUNG**
Content vom Kunden,
Content,
Allgemeiner App-Content

**07 // FINALE TESTS**
User Tests, Anpassung der
Bedienlogik, Optimierung der
User Experience

**08 // FREIGABE APP**
Finale Tests im Unternehmen,
Überprüfung der User Story Map,
Freigabe zum Submit

**09 // APP SUBMIT**
Upload der App in den Store,
Infotexte eintragen,
Screenshots einbinden

## Entwicklung einer App im Überblick

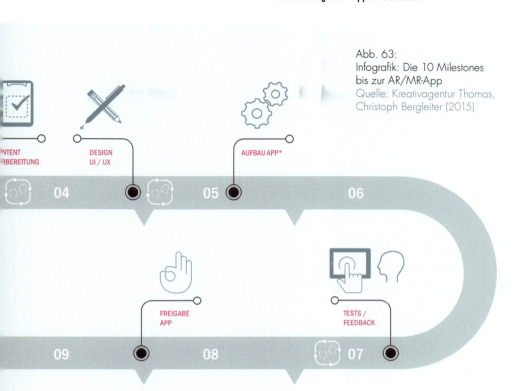

Abb. 63:
Infografik: Die 10 Milestones bis zur AR/MR-App
Quelle: Kreativagentur Thomas, Christoph Bergleiter (2015)

# 10 MILESTONES

**CONTENT VORBEREITUNG**
g-Konfiguration,
-Szenen,
ion

**05 // DESIGN UI/UX**
User Experience,
User Interface,
App-Prototyp

**06 // AUFBAU APP***
Frontend,
Backend,
Content-Management-System

**APP IM STORE**
e durch Store,
der App,
nikationsaktivitäten

***AUFBAU APP:**
Die Timeline stellt den Entwicklungszeitraum einer durchschnittlichen App dar. Die Dauer für die Programmierung der App und den Einbau des Contents ist abhängig von Umfang und Komplexität der Inhalte sowie der Qualität der angelieferten Daten.

> **CHECKLISTE**
>
> Hinweise zu Faktoren für die App-Entwicklungsdauer
>
> Welche Art der App soll umgesetzt werden?
> ☐ neue App
> ☐ Integration in bestehende App
> ☐ AR-Channel
>
> Welcher Aufwand ist für den Content erforderlich?
> ☐ Content vorhanden
> ☐ kein Content vorhanden
> ☐ Zeitaufwand für die Anlieferung
> ☐ Umfang des Contents (Anzahl 2D- und 3D-Content, Anzahl der Interaktionen)
> ☐ Anpassungen des Contents erforderlich (z. B. Aufbereitung der 3D-Modelle oder Reduktion der Polygone für Brillen)
>
> Welche Anforderungen gibt es aufgrund der CI-Richtlinien?
> ☐ Screendesign nach CI-Richtlinien
> ☐ CI-Richtlinien für mobile Apps vorhanden?
>
> Welche Freigabeprozesse gibt es beim Kunden?
> ☐ festgelegte Freigabeprozesse
> ☐ vorgegebene Programmieranforderungen
> ☐ Dokumentationsrichtlinien
> ☐ Wird die App vom Unternehmen submitted/deployed?

## 2. In 10 Milestones zur AR/MR-App

### 1. Milestone: Konzeptidee und Kalkulation

Wer hat die zündende Idee? In der Praxis ist das meist ein Entwicklungsprozess. Es kann sein, dass sich das Unternehmen bereits mit Augmented und Mixed Reality befasst hat oder man sogar erste Erfahrungen sammeln konnte. Meistens fehlt den Unternehmen aber der Überblick über die neuesten Möglichkeiten. Das liegt einfach gesagt daran, dass AR/MR Medien und Technologie zugleich sind. Will man genau wissen, was umsetzbar ist, dann braucht es ein Verständnis für die technischen Komponenten – Software und Ausspielungsgeräte. Während in Unternehmen und Agenturen Ideen entstehen, sind es die Augmented- und Mixed-Reality-Experten, die Konzepte in die Realität umsetzen. In vielen Projekten ist es deshalb ein Zusammenspiel aus Unternehmen, Spezialisten und Agenturen.

# In 10 Milestones zur AR/MR-App

Wir haben viele Jahre Erfahrung mit Augmented- und Mixed-Reality-Projekten gesammelt und wissen deshalb auch, was erforderlich ist, damit Projekte erfolgreich sind. Einer der häufigsten Fehler ist (wie in → Kapitel 5, S. 136 beschrieben) eine Gimmick-Umsetzung ohne Konzept und Strategie. (Häufig ist bei solchen Projekten zu beobachten, dass keine Spezialisten für AR und MR eingebunden wurden.)

Wie bei jeder Kommunikationsmaßnahme wird auch bei AR und MR zunächst die Idee besprochen: Was ist das Ziel, welches sind die Zielgruppen und wie wird die Anwendung in den bestehenden Medienmix eingebunden? Das Budget stellt natürlich ebenfalls einen wesentlichen Faktor dar, kommt aber meist etwas später ins Spiel – wenn die Kosten für die einzelnen Bausteine kalkuliert sind.

## PRAXISIMPULS

Im ersten Schritt brauchen Unternehmen ein Gefühl für AR/MR. Das gelingt am besten mit einem Briefing mit interaktivem Projekt-Roulette. Die Teilnehmer können die volle Bandbreite an Apps ausprobieren und bekommen dadurch eine genaue Vorstellung über die Möglichkeiten, den Umgang mit den neuen Technologien und die Grenzen bzw. Hürden. Dabei entwickeln sich bereits während der Probierphase erste konkrete Ansätze, wie Elemente im eigenen Unternehmen genutzt werden können. Je mehr Apps erkundet werden, desto konkreter sind die Unternehmen in der Lage, die eigene Idee konzeptionell umzusetzen.

*Projekt-Roulette*

Anschließend werden die einzelnen Ideen mit ersten Scribbles für Elemente, User Experience und User Interface visualisiert. Dabei sind zwei Themen zu beachten: Budget und Evaluation. Bereits zu Beginn muss besprochen werden, was in der App gemessen werden soll. Denn gerade ein neues Medium muss sich mit konventionellen Instrumenten vergleichen lassen. Die Instrumente dazu beschreiben wir in → Kapitel 5 auf S. 144 ff.

*Scribbles*

Die Kalkulation einer AR/MR-Anwendung hat viele Facetten. Werfen wir einen Blick auf die wesentlichen Punkte, welche die Kosten maßgeblich beeinflussen:

*Kalkulation*

> **CHECKLISTE**
>
> Hinweise zu Faktoren für die Kalkulation von AR-Apps
>
> Welche Plattformen sollen verfügbar sein?
> ☐ iOS
> ☐ Android
> ☐ Windows
>
> Welche Geräte sollen genutzt werden?
> ☐ Smartphone
> ☐ Tablet
> ☐ AR/MR-Brille
> ☐ alle
>
> Welche Form der App wird gewünscht?
> ☐ eigene AR-App
> ☐ Einbindung in bestehende App
> ☐ AR-Channel
>
> Welcher Content wird eingebunden?
> ☐ Text, Audio, Bild und Bewegtbild
> ☐ Grafiken und Animationen
> ☐ interaktive 3D-Modelle
> ☐ Anbindung an andere Systeme und Social Platforms
>
> Wer liefert bzw. erstellt den Content?
> ☐ Unternehmen
> ☐ AR/MR-Unternehmen
> ☐ Agenturen

Plattform

Je mehr Plattformen, je mehr Content – desto aufwändiger wird die Erstellung der App. Während beispielsweise bei iOS die Anzahl der Geräte und Displaygrößen überschaubar ist, so gibt es bei Android eine große Anzahl an Devices. Auch hier gilt: Je mehr Geräte bedient werden sollen, desto höher sind auch die Entwicklungskosten. Zwar bieten Plattformen wie *Unity* die Möglichkeit, auf verschiedene Plattformen auszuspielen, dennoch müssen aufgrund der Unterschiede der Geräte zahlreiche Anpassungen durchgeführt werden. Denn nichts ist schlimmer, als wenn die App später nicht funktioniert oder Inhalte nicht korrekt dargestellt werden.

Entwicklungskosten

Oft ist in Unternehmen schon Content vorhanden (z. B. auch aus der Produktion), der angepasst werden kann. Wird für die AR/MR-Anwendung speziell Content aufbereitet, so sollte darauf geachtet werden, dass er sich auch anderweitig nutzen lässt. Ein Unternehmensfilm wird schließlich auch nur einmal produziert und kommt auf verschiedenen Plattformen zum Einsatz. Vielfach ist es auch erforderlich, dass die Agentur oder die Spezialisten selbst den Content erstellen, weil dort das Know-how für geeignete Inhalte vorhanden ist (insbesondere bei 3D-Modellen ist das häufig der Fall).

Dies alles sind entscheidende Faktoren für die Kalkulation. Eine konkrete Planung kann nur im konkreten Fall gemacht werden. Wir wollen aber zumindest ein Gefühl für die Kosten vermitteln. Eine Erweiterung eines Printmediums für einen AR-Channel, z. B. mit Video und Infoeinblendungen, kann bereits ab rund 1.000 Euro umgesetzt werden. Für die eigene App mit 3D-Content und Interaktionen muss je nach Plattform mit einem Aufwand ab 10.000 Euro kalkuliert werden. Individuelle Apps mit Content-Management-System und Screendesign nach CI-Richtlinien liegen dann schnell bei 30.000 Euro und darüber. Vergleicht man dies beispielsweise mit der Produktion eines Imagevideos oder der Programmierung einer regulären Mobile-App, dann sind die Kosten nicht höher als bei klassischen Medien. <!-- Kosten -->

Künftig wird es immer einfacher werden, Anwendungen zu erstellen. Schon heute gibt es die ersten Tools und Plattformen, um Content zu AR und MR zu verarbeiten. Unity3D verbessert ihre eigene Software und baut die Funktionalitäten permanent aus. Dazu kommen Möglichkeiten wie ARKit von Apple oder Camera Effects Plattform von Facebook, um nur zwei Beispiele zu nennen.

### PRAXISIMPULS

Am Ende des ersten Milestones stehen jetzt also ein Konzept mit den Zielen des Unternehmens, den möglichen Inhalten der App sowie eine Budgetkalkulation: die komplette User Story Map.

### 2. Milestone: Freigabe und User Story Map

Erteilt das Unternehmen die Freigabe des im ersten Milestone entworfenen Konzepts, dann geht es bereits an die Umsetzung. Die Basis dafür ist die User Story Map mit Zeitplan, Storyboard und Aufgabenverteilung. Die User Story Map – oftmals auch Lastenheft genannt – enthält alle Arbeitsschritte im Projektmanagement.

*User Story Map*

*Lastenheft*
*Projektmanagement*

### CHECKLISTE

**Inhalt der User Story Map**
- ☐ Projektbeschreibung
- ☐ Storyboard
- ☐ Content
- ☐ Teammitglieder
- ☐ Aufgabenverteilung
- ☐ Zeitplan mit Milestones
- ☐ Ansprechpartner

## Praxiswissen: Von der Idee zur App

### PRAXISIMPULS

Storyboard

Aus dem anfänglichen Scribble (→ Abb. 64) entsteht dann ein Storyboard, das die einzelnen Bildschirme, Menüs und Einblendungen in einer übersichtlichen Struktur darstellt. So sehen alle Beteiligten, wie die App später aussehen wird.

Damit fällt es dem Unternehmen auch leichter, die benötigten Texte und Inhalte aufzubereiten.

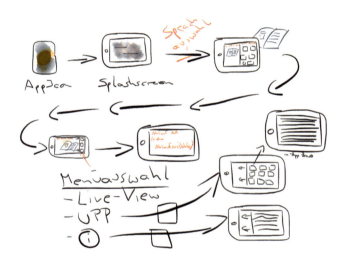

Abb. 64:
Scribble für neues AR-Projekt
Quelle: Stefan Göppel

User Story Map

Aus der User Story Map werden die einzelnen Aufgaben für die Umsetzung abgeleitet. Dabei geht es um die konkreten Arbeitsschritte, die im Folgenden beschrieben werden. Gleichzeitig regelt die User Story Map auch, was von wem zu erledigen ist, damit der Zeitplan für die App eingehalten werden kann.

Passend zu den Anforderungen des Projekts wird ein Team zusammengestellt, das aus Projektmanager, einem oder mehreren Softwareentwicklern und im besten Fall einem UI/UX-Spezialisten besteht. Unterstützung erhält das Team dann beispielsweise von den Kollegen aus der Unternehmenskommunikation und dem Marketing. Deren Job ist es, einen Blick auf die Texte zu werfen, solche zu erstellen und dafür zu sorgen, dass die Informationen in der App verständlich sind und sich die App gut bedienen lässt. Dazu gehört eben die gesamte User Experience, die aus Marketing- und Kommunikationssicht beurteilt wird.

App Store
Apple Store
Google Play

Während des zweiten Milestones muss auch bereits über einen möglichen Namen der App nachgedacht werden. Wichtig ist dabei, dass der Wunschname in den App Stores (Apple Store und Google Play) in allen Ländern geprüft wird, um nicht kurz vor Veröffentlichung eine böse

Überraschung zu erleben. Im Entwicklerbereich für Apple (iTunes Connect) und Google (Google Play Developer Console) lässt sich das mit einem entsprechenden Zugang schnell prüfen.

*iTunes Connect*
*Google Play Developer Console*

### 3. Milestone: Content-Lieferung

Im nächsten Milestone dreht sich alles um den Content: von den Inhalten in der App selbst bis zu Informationstexten und rechtlichen Hinweisen.

**PRAXISIMPULS**

Damit die Augmented- und Mixed-Reality-Szenen vorbereitet werden können, muss der Content vorhanden sein. Häufig müssen 3D-Daten aufgrund ihrer Größe angepasst oder ganze Szenen geschaffen werden. Damit der Zeitplan eingehalten werden kann, ist darauf zu achten, dass die Inhalte rechtzeitig geliefert werden.

Zusätzlich zu den eigentlichen Inhalten gibt es weitere Informationen/Hinweise, die meist vom Unternehmen selbst kommen. Nachfolgend sind die wichtigsten Informationen genannt, die in Textform in die App müssen. Werden innerhalb der App in verschiedenen Sprachen angeboten, dann müssen auch die Informationen und Hinweise entsprechend vorhanden sein.

**CHECKLISTE**

*Wichtige Informationen in der App*
- ☐ Information über die App (freiwillig)
- ☐ Bedienungshinweise (freiwillig)
- ☐ Impressum und Disclaimer (erforderlich)
- ☐ Allgemeine Geschäftsbedingungen (erforderlich)
- ☐ Hinweis auf Auswertung mit Google Analytics mit Opt-out für Mobilgeräte und -browser (erforderlich)

Welche Informationen benötigt werden, wissen die AR/MR-Produzenten. Die rechtlichen Texte müssen aber natürlich vom Unternehmen selbst kommen und sind dort meist auch schon vorhanden. Die Inhalte sind vergleichbar mit den Hinweisen auf Websites. Lediglich die Auswertung mit Analytics bedarf eines genaueren Blicks, weil dort zusätzlich eine mobile Variante des Opt-outs vorhanden sein muss. Die Einzelheiten dazu erklären wir in → Kapitel 5 auf S. 150.

### 4. Milestone: Content-Aufbau

Der Aufbau des Contents kann erfolgen, sobald die wichtigen Elemente bei den Entwicklern sind. In der Praxis laufen die Milestones 3 und 4 parallel. Dies hat den Vorteil, dass die Entwicklungsseite Feedback geben kann, falls z. B. die Qualität des angelieferten Contents nicht ausreicht. In dieser Phase können auch teilweise schon die Milestones 5 und 6 angegangen werden. Je nach Entwicklungsmethode laufen nun die nächsten Schritte ab. Wichtig dabei: die Einplanung von frühen Testschleifen mit dem Kunden.

*Tests*

> **PRAXISIMPULS**
>
> Die Entwicklung beginnt damit, wichtige Konfigurationen für das Tracking vorzunehmen. Grundlage dafür ist die Entscheidung für das zu den Anforderungen passende Software Development Kit (SDK) eines der am Markt verfügbaren Anbieter. Ein erster Prototyp dient den frühen User-Tests.

*Software Development Kit (SDK)*

Die einzelnen Inhalte (digitale Informationen und reale Gegenstände) werden nun mit einer Software „in Szene" gesetzt. Dies geschieht beispielsweise mit *Unity*, womit verschiedene Plattformen (iOS, Android, Windows) bedient werden können.

Nun werden Technologie und Content miteinander „verheiratet". Die Entwickler achten darauf, dass der Algorithmus für die Anwendung die verwendeten Marker, Bilder oder Gegenstände schnell erkennt und die Einblendungen stabil erscheinen. Dies ist eine der Vorrausetzungen dafür, dass die App später auch genutzt wird und keine Frustration auslöst. Darauf liegt das besondere Augenmerk der Programmierer.

### 5. Milestone: UI/UX-Design

*UI/UX-Design*

Neben einer zuverlässig funktionierenden Software sind es vor allem die Bedienlogik und das Look-and-feel, die eine App ausmachen. Steht in der Industrie die reine Bedienung und der Informationsnutzen stärker im Vordergrund, so muss eine App für Marketing, PR und Vertrieb auch ein ansprechendes Screendesign haben.

*Bedienlogik*
*Look-and-feel*

Wie wir bereits in → Kapitel 5 auf S. 136 beschrieben haben, spielt es eine große Rolle, wie sich die App bedienen lässt. Dabei muss man darauf achten, für welche Zielgruppe die App gedacht ist. Häufig werden wir gefragt, ob nur jüngere Menschen oder auch die älteren Generationen AR/MR-Apps verwenden. Der Unterschied bei der Nutzung liegt aber nicht im Alter der Nutzer.

Jüngere Menschen – vor allem männliche – sind eher bereit, eine App zu erkunden, zu entdecken. Dafür setzen sie sich länger mit der

App auseinander. Unserer Erfahrung nach geht es bei älteren Menschen stärker darum, die App zu nutzen. Sie sind fokussierter in der Anwendung und vermutlich ist der Spieltrieb nicht mehr so stark ausgeprägt wie bei jüngeren Generationen.

### PRAXISIMPULS

Bei der Bedienung einer mobilen App nutzt man einerseits Bedienungsgesten, die den Anwendern aus anderen Apps bzw. dem jeweiligen Ökosystem (iOS, Android, Windows) vertraut sind, oder man orientiert sich andererseits an natürlichen Gesten, die aus dem Alltag bekannt sind. Insbesondere bei der Gestensteuerung von Terminal-Systemen (am POS oder auf Messen) ist dies wichtig.

Wird die App für iOS erstellt, dann stehen quasi Standardgesten zur Auswahl. Typische Fingerbewegungen zum Vergrößern, Drehen oder auch Multi-Touch-Gesten sind im Apple-Ökosystem bekannt. Bei Android und Windows ist dies nicht im selben Maße vorhanden, auch wenn sich die Gesten aus iOS ableiten und nutzen lassen.

Anhand einer Beispielanwendung zeigen wir, wie die Screens bzw. das Screendesign einer AR-App für Smartphone oder Tablet gestaltet werden kann. Je nach Branche und Zielgruppe sind unterschiedliche Anforderungen zu berücksichtigen. In diesem Fall geht es um ein Immobilienunternehmen, die Zielgruppe sind Makler und Käufer von hochwertigen Gewerbeimmobilien.

Abb. 65:
Splash-Screen mit Auswahl für AR- oder 3D-Modus
Quelle: RE'FLEKT

Nach dem Start der App erscheint der Splash-Screen – quasi der Startbildschirm. Für Printumsetzungen empfiehlt es sich, an dieser Stelle die Auswahl zwischen dem eigentlichen AR-Modus und einer 3D-Ansicht – auch Virtual-Reality-Ansicht genannt – anzubieten. So kann der Anwender die App auch nutzen, wenn er das benötigte Printmedium nicht zur Verfügung hat.

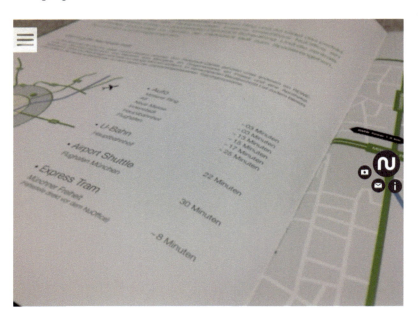

Abb. 66:
AR-Modus mit
Kamerafunktion
Quelle: RE'FLEKT

Wählt der Anwender nun den AR-Modus, so startet die Kamera und die Elemente des User Interfaces werden sichtbar. Links oben (→ Abb. 66) befindet sich ein Menübutton, der bei Bedarf aufgeklappt werden kann, um beispielsweise die Sprache zu wechseln. Auf der rechten Seite des Displays sind die Bedienelemente untergebracht, die sich rund um das Logo des Unternehmens reihen. Dort lassen sich verschiedene Interaktionen steuern, Informationen zur Bedienung aufrufen und es besteht die Möglichkeit, direkt mit dem Unternehmen in Kontakt zu treten.

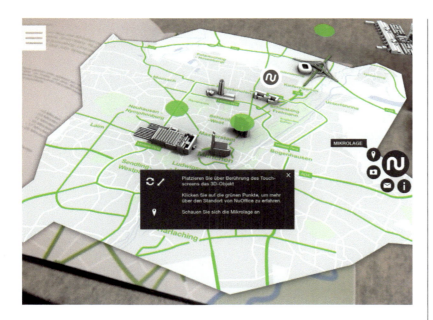

Abb. 67:
AR in Aktion:
Interaktive Karte
Quelle: RE'FLEKT

Hält der Anwender sein Smartphone oder Tablet auf die abgedruckte Karte in der Printbroschüre, dann startet die entsprechende AR-Sequenz. Zusätzlich zu den Elementen des User Interfaces erscheint ein Hinweis zur Bedienung dieser Szene. Diese ausführlichen Hinweise haben wir bereits angesprochen. Gerade bei AR ist die unterstützende Bedienungserklärung wichtig, um dem Anwender ein positives Erlebnis zu ermöglichen.

Nachdem der Content mit UX/UI ausgestattet wird, kann auch der Prototyp mit weiteren Feedbacks von Unternehmensseite verfeinert werden. Schritt für Schritt fließen die Anpassungen während der Entwicklung in die App ein.

### 6. Milestone: Entwicklung der App

Das Projektteam bastelt bereits an mehreren Bestandteilen des App-Prototypen: In Milestone 4 arbeiten die Entwickler an Tracking und Content; die UI/UX-Spezialisten und die Kommunikationsprofis entwerfen im 5. Milestone Screendesign und Bedienlogik und in Milestone 6 entsteht der Rahmen für die App.

> Nun wird es spannend, denn jetzt wird die Augmented- oder Mixed-Reality-Anwendung aus den Mosaiksteinen zusammengesetzt. Aus dem Prototypen wird mit dem gesammelten Feedback eine echte App.

Ganz einfach erklärt, besteht eine App aus Frontend und Backend. Das Backend dient den Programmierern dazu, die App aufzubauen. Hier wer-

Frontend/Backend

**Praxiswissen: Von der Idee zur App**

den die Funktionen, das Design und der Content festgelegt und eingebaut. Alles, was sich in der App im Hintergrund abspielt, passiert im Backend. Selbst wenn Daten nicht in der App gelagert sind, sondern auf einem externen Server oder in der Cloud, wird dies im Backend definiert.

> **CHECKLISTE**
>
> **Bausteine einer AR/MR-App**
> ☐ Frontend (sichtbar für den Anwender)
> ☐ User-Experience-Konzept (UX)
> ☐ User Interface (UI)
> ☐ Backend (für die Entwickler)
> ☐ Content-Management-System

*Content-Management-System*

Das Frontend ist das, was der Anwender sieht: die Menüs und den Content mit all seinen Funktionen. Sämtliche Texte, Bilder und Animationen, die auf dem Display angezeigt werden, sind im Frontend definiert. Neben dem AR-Content können Unternehmen weiteren Content einbinden: Kataloge, Produktflyer, Imagevideos etc. Diese lassen sich mit einem Content-Management-System einpflegen und aktualisieren – genauso wie mit Wordpress oder Joomla für Websites oder Blogs.

Jetzt dauert es nicht mehr lange und ein erster Blick auf die neue App ist möglich. Das ist für das gesamte Team und vor allem für das Unternehmen ein emotionaler Moment – trotz zahlreicher Tests mit dem Prototypen. Während die Entwickler sich dafür interessieren, ob sich irgendwelche Bugs – Fehler in der Programmierung – eingeschlichen haben, wollen die Projektverantwortlichen ihr „Baby" endlich in der finalen Version sehen.

*Tests*

### 7. Milestone: Finale User-Tests

Es ist soweit: Aus dem Test-Prototypen ist eine App entstanden. Ein erster Klick auf das Icon der eigenen App erhöht die Spannung. Wie ist der erste Eindruck? Sieht alles so aus, wie man es sich im Kopfkino vorgestellt hat?

Die aktualisierte Version wurde vom Projektteam bereits in weiteren Schleifen auf Funktionalität und Logik getestet. Die Erfahrung aus vielen AR/MR-Projekten hilft dabei, das typische und immer wiederkehrende Anwenderverhalten zu antizipieren. Beispielsweise kommt es bei AR-Apps häufig vor, dass die Anwender ihr Smartphone oder Tablet sehr nah an Bild oder Gegenstand halten – quasi so, als würden sie einen Code scannen. Die Kamera benötigt für die Initialisierung allerdings einen gewissen Abstand (ca. 20 cm).

Bei Cubes wiederum – virtuelle 360-Grad-Rundgänge – versuchen Anwender, die Szene mit den Fingern zu steuern, statt sich selbst zu bewegen. Für diese Situationen sind erklärende Einblendungen auf dem Display notwendig, damit der Anwender nicht frustriert wird.

> **PRAXISIMPULS**
>
> Trotz aller Erfahrung sind die finalen Testschleifen ein nicht zu unterschätzender Grundstein für eine gelungene Anwendung. Das Projektteam rund um die AR/MR-Entwickler hat ein Gefühl dafür, wie die Kamera beispielsweise auf eine Printbroschüre zu halten ist. Umso wichtiger sind die Erkenntnisse aus den Testschleifen mit Anwendern aus unterschiedlichen Bereichen und unterschiedlichen Altersgruppen.

Die Testschleifen bringen immer Änderungen mit sich. Sei es zur Bedienung, zur Anpassung der Erklärschritte oder ganz einfach, weil sich aus den Anwendertests neue Anforderungen ergeben. Wurden in den vorherigen Testschleifen vor allem der Content, die Funktionen sowie UI/UX getestet, so geht es nun vor allem um die Verständlichkeit der Erklärungen – einerseits in der App selbst, andererseits in den begleitenden Kommunikationsmaßnahmen, z. B. in Printmedien. Auch die Testgruppen werden nun erweitert. Über das Projektteam hinaus gilt es, weitere Entscheidungsträger und Verantwortliche im Unternehmen einzubinden, bevor die App in den Submit geht.

> **CHECKLISTE**
>
> Hinweise für Anwendertests
> - ☐ Testpersonen aus verschiedenen Altersgruppen und mit unterschiedlichen Kenntnissen über Apps
> - ☐ Sind die Erklärungen ausreichend?
> - ☐ Lässt sich die App intuitiv bedienen?
> - ☐ Finden die Testpersonen alle Funktionen?
> - ☐ Funktioniert das Tracking?
> - ☐ Funktionieren alle Features in der App?

### 8. Milestone: Freigabe der App

Sobald alle Punkte abgearbeitet sind, erhält das Unternehmen die finale Version zur Freigabe. In diesem Milestone wird die App entweder vom Projektverantwortlichen und seinem Team freigegeben oder sie durchläuft mehrere Instanzen, wie dies bei anderen Projekten ebenfalls üblich ist. In größeren Unternehmen gibt es Spezialisten, die Apps gemäß interner Richtlinien prüfen und freigeben.

### PRAXISIMPULS

Vielfach sind mehrere, unterschiedliche Stellen im Unternehmen eingebunden, um offene Fragen zu beantworten. Zwar lassen sich auch nach dem Submit Änderungen per Update vornehmen, dies sollte im Hinblick auf die Bewertung der App jedoch verhindert werden.

### CHECKLISTE

**Hinweise für die Freigabe der App**
- [ ] Entspricht der Content dem besprochenen Umfang?
- [ ] Wurde das Storyboard gemäß User Story Map umgesetzt?
- [ ] Funktionieren alle Bestandteile der App?
- [ ] Sind alle rechtlichen Informationen enthalten?
- [ ] Wurden die Texte in der App redigiert?
- [ ] Entscheidung für den finalen Namen der App
- [ ] Wurde die App gemäß der CI-Richtlinien umgesetzt?
- [ ] Liegen Erklärungen für die Bedienung der App vor?

### 9. Milestone: App-Submit

*Submit*

*Apple Store*
*Google Play Store*
*Windows Store*

Nachdem die App vom Unternehmen freigegeben wurde und alle Informationen vorliegen, kann die App in den Submit gehen: Sie wird zur Veröffentlichung in die jeweiligen Stores eingetragen. Für die iOS-Apps ist dies der Apple Store, für Android der Play Store von Google und für die Windows-Apps der Windows Store.

Handelt es sich um eine interne App, die nicht in einem der App Stores veröffentlicht wird, dann entfällt der Submit. Apps für die Microsoft HoloLens beispielsweise werden vom Rechner direkt auf die Brille gespielt oder im Microsoft Store gelistet und direkt auf der HoloLens zur Verfügung gestellt.

Um eine App zu veröffentlichen, bedarf es eines Accounts für die Portale des jeweiligen Stores. Wird die App vom Unternehmen selbst in einen der Stores gebracht, dann bereitet das Projektteam den Submit mit allen benötigten Informationen vor. Die → Abb. 68 und → Abb. 69 zeigen beispielhaft eine Ansicht für die iOS- und die Android-Plattform: Apples iTunes Connect und die Google Play Developer Console. Hier werden alle Informationen rund um die App eingetragen. Dazu zählen die Beschreibung und Hinweise darüber, auf welchen Devices die Anwendung läuft bzw. mit welchen Versionen der Betriebssysteme sie kompatibel ist. Damit sich die Anwender ein Bild machen können, werden auch Screenshots der App eingestellt.

## In 10 Milestones zur AR/MR-App

Abb. 68:
Screenshot iTunes Connect
Quelle: Diego Montoya

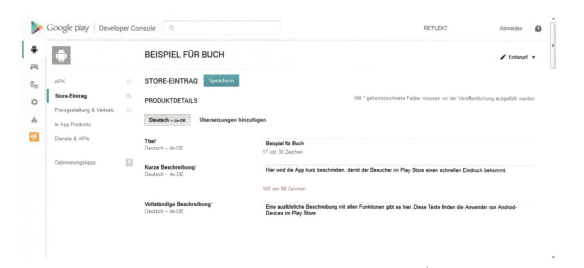

Was die Prüfung der App angeht, so unterscheiden sich iOS und Android. Während bei Google bislang scheinbar eher stichprobenartige Tests vorgenommen werden, prüft Apple sehr genau – einerseits den Content, aber auch, ob alles einwandfrei funktioniert und keine Abstürze zu erwarten sind. Die vollständige Liste ist in den App Store Review Guidelines ersichtlich.[1] Dazu kommen Änderungen aufgrund von Updates. Daraus ergeben sich wiederum geänderte Voraussetzungen für

Abb. 69:
Screenshot Google Play Developer Console
Quelle: Eigene Abbildung

die Entwickler, was neue Apps aber auch Updates für bestehende Apps angeht.

Einer der größten Stolpersteine bei iOS bestand in der Vergangenheit darin, eine reine AR-App ohne weiteren Content einzureichen. Neben der AR-Funktionalität müssen/mussten weitere Inhalte für den Anwender eingepflegt sein – beispielsweise Kataloge bzw. Produktbeschreibungen oder auch andere App-Inhalte wie Konfiguratoren oder die Anbindung an ein Shopsystem. Mittlerweile hat Apple dies gelockert, weil sich AR-Apps etabliert haben. Sobald das ARKit ausgerollt ist, wird es auch an dieser Stelle neue Verfahren geben.

Wer eine AR-App entwickelt (MR-Apps auf Brillen verwenden häufig keine Marker), der braucht die im Buch bereits beschriebenen Tracking-Marker für die Erkennung der Inhalte. Diese sind entweder als Bild in einem gedruckten Medium oder anderweitig verfügbar (Marker, reales Objekt). Der Marker, oder besser noch das komplette Printmedium, muss entweder innerhalb der App verfügbar oder per Button anzufordern sein. Für Apple ist dies eine weitere Voraussetzung: Eine App muss alle wesentlichen Bestandteile enthalten bzw. zur Verfügung stellen. Ein Marker kann auch auf Anforderung mit einem Klick per E-Mail zugesendet werden.

### PRAXISIMPULS

Wer gegen die Richtlinien verstößt, der erhält von Apple die Info „App rejected". Damit geht es dann von vorne los. Hier kann es zu langen Verzögerungen und großem Frust beim Auftraggeber kommen. Denn bereits der reguläre Submit-Prozess dauert rund eine Woche bis zehn Tage.

Müssen Anpassungen vorgenommen werden und die App kommt erneut in den Submit, dann geht wertvolle Zeit verloren. Wie gesagt: Bislang ist Google entsprechend den Prinzipien von Android offener als Apple. Es ist aber nur eine Frage der Zeit, bis auch Google strenger und regelmäßiger prüfen wird.[2] Im Herbst 2014 entfernte Google Medienberichten[3] zufolge mehr als 10.000 Apps des Anbieters Tobit aus dem Play Store, weil dieser Apps für seine Kunden veröffentlicht hatte. Google begründete dies damit, dass jeder einen eigenen Entwickler-Account für seine App benötigt. Diese Entwicklung muss beobachtet werden. Getroffen hat dies auch Apps bekannter Namen, wie beispielsweise die Anwendung des Fußballvereins Schalke 04.

## CHECKLISTE

### Hinweise für den App-Submit
- ☐ Name der App (in allen verfügbaren Sprachen prüfen!)
- ☐ Texte für Kurzbeschreibung und ausführliche Info
- ☐ Mindestens drei aussagekräftige Screenshots
- ☐ Hinweise zu Kompatibilität (OS, Devices) bzw. Angabe zur Empfehlung von Mindestanforderungen (z. B. lauffähig ab iPad Air)
- ☐ Kontaktinformationen

### Zusätzliche Hinweise für Apple App Store
- ☐ Zusätzlicher Content als Ergänzung zu AR-Funktionen
- ☐ AR-Pattern muss in der App abrufbar sein
- ☐ Größe der App (> 100 MB bedeutet Download nur mit WIFI)

## 10. Milestone: App im Store

Herzlichen Glückwunsch! Hat Ihre App die Hürden der Stores überwunden, dann sind Sie jetzt glücklicher Besitzer einer AR/MR-App.

Sobald die Tests beendet sind, erhalten Sie eine Mitteilung und finden die Anwendung in den App Stores. Jetzt kann es losgehen.

## LESETIPPS

- ▶ App Store Review Guidelines: Apple Inc.: *App Store Review Guidelines*. https://developer.apple.com/app-store/review/guidelines/
- ▶ *Google Play Richtlinienübersicht für Entwickler*: https://play.google.com/intl/de/about/developer-content-policy/

## Anmerkungen

[1] Apple Inc. (2017): App Store Review Guidelines. Abgerufen am 01.07.2017 von https://developer.apple.com/app-store/review/guidelines/.
[2] Google Inc. (2017): *Richtlinienübersicht für Entwickler*. Abgerufen am 01.07.2017 von https://play.google.com/intl/de/about/developer-content-policy/.
[3] Knobloch, Carsten (2014): *Google entfernt über 10.000 Apps aus dem Play Store, darunter die des 1. FC Köln und von Schalke 04*, Caschys Blog. Abgerufen am 01.07.2017 von http://stadt-bremerhaven.de/google-apps-play-store/.

# Kapitel 7
# Ausblick

Als wir die erste Ausgabe dieses Buches schrieben, kam Augmented Reality erst richtig in Fahrt. Unternehmen und Agenturen begannen damit die ersten Apps einzusetzen oder mithilfe der verfügbaren Tools solche selbst zu bauen. Die AR-Pioniere des Münchner AR-Unternehmens Metaio wurden genau zu dieser Zeit von Apple aufgekauft. Mittlerweile ist die Technologie in das neue ARKit eingeflossen. Von Mixed Reality sprach zu dieser Zeit, abgesehen von der Wissenschaft, noch niemand. Nur wenige AR-Brillen waren überhaupt verfügbar und keines der Geräte sorgte für Begeisterung bei den Anwendern.

In der Zwischenzeit gibt es eine Vielzahl an Firmen, die an Augmented- und Mixed Reality-Brillen arbeiten. Die Microsoft HoloLens war quasi die Bestätigung für eine ganze Branche: AR/MR-Brillen funktionieren und ermöglichen eine neue Form der Interaktion mit Content.

Kurzfristig wird das Smartphone allerdings immer noch das am meisten genutzte Gerät für Augmented Reality bleiben. Apple und Google setzen mit eigener Hardware bzw. eigenen Betriebssystemen auf den Bring-your-own-device-Ansatz: Für AR soll das eigene Smartphone genutzt werden. Durch Apple werden schon bald Millionen AR-fähige Geräte im Einsatz sein. Ein Glück – denn bis die Brillen soweit sind, werden noch ein paar Jahre vergehen. Die Hardware lässt sich zwar heute schon produzieren und einsetzen. Allerdings wäre sie momentan noch nicht bezahlbar, wenn die Hersteller sämtliche Komponenten auf die passende Größe einer normalen Brille schrumpfen wollten. Dafür braucht es noch mehr Entwicklungsarbeit und Erfahrung.

Unternehmen, die sich aktuell mit neuen AR/MR-Brillen befassen, arbeiten neben Aspekten wie Form, Batterie und Tragekomfort vor allem auch an der realistischen Darstellung von Content. Aus diesem Grund setzen die meisten auf Lichtfeldtechnologie, was in Zukunft deutlich bessere Resultate ermöglichen wird. Schärfen und Unschärfen, die unsere Augen automatisch veranlassen – je nachdem auf was wir gerade fokussieren – können mit Brillen derart realistisch nachgebildet werden,

## Ausblick

dass unser Gehirn ausgetrickst wird. Durch die richtige Beleuchtung und Schatten lassen sich virtuelle Objekte so nahtlos in die vorhandene Umgebung integrieren, dass sie von realen Gegenständen nicht mehr zu unterscheiden sind. Das ist auch Bedingung, wenn wir künftig die versprochene Verschmelzung der Welten erreichen und Augmented und Mixed Reality in unseren Alltag einbinden wollen. Wobei wir auch eine Bewegung in eine zweite Richtung sehen werden: einfache Einblendungen auf ganz normalen Brillen. Als Muster dafür dienen beispielswiese Snaps Spectacles.

Neben der Darstellung wird auch das Thema „Kontext" an Bedeutung gewinnen. Realistische Darstellung ist eine Sache, kontextbezogene Verfügbarkeit eine andere. Wir sehen es als einen großen Vorteil an, dass Mixed Reality Informationen in unsere Umgebung einbetten kann. Richtig interessant wird dies werden, sobald sich Inhalte intelligent einblenden lassen – immer dann, wenn sie zu unseren Aktivitäten passen, wir sie also brauchen. Dafür wird die Verknüpfung von Artificial Intelligence (AI) und Deep Learning sorgen. Hier stehen wir noch ganz am Anfang und es wird mit verschiedenen Szenarien experimentiert. Die Trackingalgorithmen können in Zukunft selbstlernend verschiedene Situationen antizipieren und auf unterschiedliche Verhältnisse reagieren, damit permanent ein stabiles Tracking zur Verfügung steht.

*Artificial Intelligence (AI)*
*Deep Learning*

Eines ist klar: Es wird noch wichtiger werden, Anwender und Technik besser zu vereinen. Dafür braucht es natürliche Schnittstellen – die User Interfaces. Wer sich den Film „Iron Man" anschaut, findet darin den Supercomputer Jarvis. Die Bedienung von Jarvis funktioniert über holografische Displays – die Menüelemente schweben quasi im Raum und lassen sich durch natürliche Gesten wie Ziehen, Schieben und Greifen bedienen. Die aktuellen User Interfaces der AR/MR-Brillen zeigen dies bereits in Ansätzen. Nicht nur der Content wird mit der realen Umgebung verschmolzen, sondern vor allem auch die Bedienung. Ein realer Schalter lässt sich durch einen virtuellen ergänzen. Die User Interfaces sind einer der wichtigsten Faktoren, damit wir vernünftig mit den Brillen arbeiten können. Im einem nächsten Schritt – und jetzt blicken wir mehr als zehn Jahre nach vorne – könnten sogenannte Brain Computer Interfaces die Bedienung übernehmen. Mittels Implantaten wird es möglich sein, Interaktionen per Gehirnstrom zu steuern. Zu viel Zukunftsmusik? Regina Dugan, Leiterin von Facebooks R&D-Abteilung *Building 8* arbeitet genau daran und hat auch kürzlich über ihre Erfahrungen berichtet.

*User Interfaces*

*Jarvis*

*Brain Computer Interfaces*

Künftig werden uns Augmented und Mixed Reality immer genau das zur Verfügung stellen, was wir gerade benötigen. Was brauche ich, um ein Haus zu bauen oder wie lerne ich Skifahren? Wollen wir jetzt etwas lernen oder müssen wir eine Aufgabe erledigen, schauen wir bei Google oder auf YouTube nach einem Beispiel oder einem „How to". In Zukunft können wir die einzelnen Schritte in der AR/MR-Brille

## Ausblick

sehen. Dazu laden wir uns anstelle eines PDFs oder Videos einfach die passende Anleitung auf die Brille. Die Möglichkeiten sind unbegrenzt. Während wir heute über Brillen sprechen, wird bereits an Kontaktlinsen geforscht. Vielleicht werden es aber auch ganz andere Displays und Interfaces sein, an die wir heute noch gar nicht denken.

Wir würden gerne Ihre Meinung dazu hören. Wie setzen Sie Augmented und Mixed Reality heute ein und was wünschen Sie sich bzw. was fehlt Ihnen? Wir freuen uns über Ihr Feedback und Ihre Fragen. Wir befassen uns tagtäglich mit AR und MR und sammeln interessante Themen für die Weiterentwicklung dieses Buches. Sie können uns auch auf zahlreichen Veranstaltungen und Konferenzen treffen. Kontaktieren Sie uns – wir freuen uns darauf!

# Kapitel 8
# Service

## 1. Checklisten

**CHECKLISTE**

**Hinweis zu Faktoren für die App-Entwicklungsdauer**

Welche Art der App soll umgesetzt werden?
- ☐ neue App
- ☐ Integration in bestehende App
- ☐ AR-Channel

Welcher Aufwand ist für den Content erforderlich?
- ☐ Content vorhanden
- ☐ kein Content vorhanden
- ☐ Zeitaufwand für die Anlieferung
- ☐ Umfang des Contents (Anzahl 2D- und 3D-Content, Anzahl der Interaktionen)
- ☐ Anpassungen des Contents erforderlich (z. B. Aufbereitung der 3D-Modelle)

Welche Anforderungen gibt es aufgrund der CI-Richtlinien?
- ☐ Screendesign nach CI-Richtlinien
- ☐ CI-Richtlinien für mobile Apps vorhanden?

Welche Freigabeprozesse gibt es beim Kunden?
- ☐ festgelegte Freigabeprozesse
- ☐ vorgegebene Programmieranforderungen
- ☐ Dokumentationsrichtlinien
- ☐ Wird die App vom Unternehmen submitted/deployed?

## Service

### CHECKLISTE

**Hinweise zu Faktoren für die Kalkulation von AR-Apps**

Welche Plattformen sollen verfügbar sein?
- ☐ iOS
- ☐ Android
- ☐ Windows

Welche Geräte sollen genutzt werden?
- ☐ Smartphone
- ☐ Tablet
- ☐ Datenbrille
- ☐ alle

Welche Form der App wird gewünscht?
- ☐ eigene AR-App
- ☐ Einbindung in bestehende App
- ☐ AR-Channel

Welcher Content wird eingebunden?
- ☐ Text, Audio, Bild und Bewegtbild
- ☐ Grafiken und Animationen
- ☐ interaktive 3D-Modelle
- ☐ Anbindung an andere Systeme und Social Platforms

Wer liefert bzw. erstellt den Content?
- ☐ Unternehmen
- ☐ AR/MR-Unternehmen
- ☐ Agenturen

### CHECKLISTE

**Inhalt der User Story Map**
- ☐ Projektbeschreibung
- ☐ Storyboard
- ☐ Content
- ☐ Teammitglieder
- ☐ Aufgabenverteilung
- ☐ Zeitplan mit Milestones
- ☐ Ansprechpartner

## CHECKLISTE

**Wichtige Informationen in der App**
- ☐ Information über die App (freiwillig)
- ☐ Bedienungshinweise (freiwillig)
- ☐ Impressum und Disclaimer (erforderlich)
- ☐ Allgemeine Geschäftsbedingungen (erforderlich)
- ☐ Hinweis auf Auswertung mit Google Analytics mit Opt-out für Mobilgeräte und -browser (erforderlich)

## CHECKLISTE

**Bausteine einer AR/MR-App**
- ☐ Frontend (sichtbar für den Anwender)
- ☐ User-Experience-Konzept (UX)
- ☐ User-Interface (UI)
- ☐ Backend (für die Entwicklung)
- ☐ Content-Management-System

## CHECKLISTE

**Hinweise für Anwendertests**
- ☐ Testpersonen aus verschiedenen Altersgruppen und mit unterschiedlichen Kenntnissen über Apps nutzen
- ☐ Sind die Erklärungen ausreichend?
- ☐ Lässt sich die App intuitiv bedienen?
- ☐ Finden die Testpersonen alle Funktionen?
- ☐ Funktioniert das Tracking für AR?
- ☐ Funktionieren alle Features in der App?

Service

## CHECKLISTE

**Hinweise für die Freigabe der App**
- ☐ Entspricht der Content dem besprochenen Umfang?
- ☐ Wurde das Storyboard gemäß User Story Map umgesetzt?
- ☐ Funktionieren alle Bestandteile der App?
- ☐ Sind alle rechtlichen Informationen enthalten?
- ☐ Wurden die Texte in der App redigiert?
- ☐ Entscheidung für den finalen Namen der App
- ☐ Wurde die App gemäß der CI-Richtlinien umgesetzt?
- ☐ Liegen Erklärungen für die Bedienung der App vor?

## CHECKLISTE

**Hinweise für den App-Submit**
- ☐ Name der App (in allen verfügbaren Sprachen prüfen!)
- ☐ Texte für Kurzbeschreibung und ausführliche Info
- ☐ mindestens drei aussagekräftige Screenshots
- ☐ Hinweise zu Kompatibilität (OS, Devices) bzw. Angabe zur Empfehlung von Mindestanforderungen (z. B. lauffähig ab iPad Air)
- ☐ Kontaktinformationen

**Zusätzliche Hinweise für Apple App Store**
- ☐ zusätzlicher Content als Ergänzung zu AR-Funktionen
- ☐ AR-Pattern muss in der App abrufbar sein
- ☐ Größe der App (> 100 MB bedeutet Download nur mit WIFI)

## 2. Informative Blogs

Die folgenden Blogs berichten über Unternehmen, Veranstaltungen und Apps mit Augmented, Mixed und Virtual Reality sowie Wearables.

- ▶ **UploadVR**
www.uploadvr.com

- ▶ **VR Scout**
https://vrscout.com/

- ▶ **Vrodo**
www.vrodo.de

- ▶ **Augmented Reality Blog**
www.augmented.org

- ▶ **Next Reality News**
https://next.reality.news/

- ▶ **VRFocus**
https://www.vrfocus.com/

- ▶ **RoadtoVR**
www.roadtovr.com

- ▶ **Virtuality**
https://futurism.com/virtuality/

- ▶ **Reddit**
https://www.reddit.com/r/augmentedreality/
https://www.reddit.com/r/mixedreality/
https://www.reddit.com/r/hololens/

Neben den hier aufgeführten Blogs gibt es mittlerweile zahlreiche Gruppen zu Augmented und Mixed Reality auf Facebook, LinkedIn und Xing.

Service

### 3. Blogs der AR/MR-Unternehmen

Hier finden Sie die Blogs der Unternehmen, die sich mit Augmented und Mixed Reality befassen.

- **Apple**
https://developer.apple.com/arkit/
- **Facebook**
https://developers.facebook.com/docs/camera-effects
- **Google**
https://developers.google.com/tango/
- **Blippar**
https://blippar.com/en/resources/blog/
- **Meta**
https://blog.metavision.com/home
- **Magic Leap**
https://www.magicleap.com/#/blog
- **RE'FLEKT**
https://www.wearear.com/
- **Flarb**
https://ralphbarbagallo.com/
- **Wikitude**
https://www.wikitude.com/blog/
- **Microsoft**
https://blogs.windows.com/blog/category/microsoft-hololens/

### 4. Blogs zu Produktentwicklung und Lean

In diesen Blogs finden Sie Interessantes zu Lean, Start-ups und Produktentwicklung.

- **Google Ventures Library**
https://www.gv.com/library/
- **Startup Lessons Learned/Lean Startup**
http://www.startuplessonslearned.com/

Service

## 5. Blogs zu User Experience/User-Tests

Lesen Sie in den folgenden Blogs mehr über User Interfaces und User Experience.

▶ UX Booth
http://www.uxbooth.com/

▶ UX Magazine
http://uxmag.com/

▶ UX Design Weekly Newsletter
http://uxdesignweekly.com/

## 6. Tech-Portale

Auf den bekannten Tech-Portalen können Sie sich täglich informieren, was die Tech-Welt gerade bewegt.

▶ Techcrunch
http://techcrunch.com/

▶ The Next Web
http://thenextweb.com/

▶ Mashable
http://mashable.com/

▶ Engadget
http://www.engadget.com/

▶ The Verge
http://www.theverge.com/

▶ VentureBeat
http://venturebeat.com/

▶ ReadWriteWeb
http://readwrite.com/

▶ Backchannel
https://backchannel.com/

▶ Heise
https://www.heise.de/

Service

▶ **The Information**
https://www.theinformation.com/

▶ **Inc.com**
https://www.inc.com/

# Die Autoren

**Dirk Schart** ist Head of PR & Marketing beim Augmented-Reality-Unternehmen RE'FLEKT in München. Er schreibt für WeAreAR und wurde in bekannten Magazinen wie TechCrunch, HuffingtonPost, T3N oder der WirtschaftsWoche genannt.

E-Mail: dirk.schart@gmail.com
Twitter: @DirkSchart

**Nathaly Tschanz** ist bei Ringier Axel Springer Schweiz als Head of Digital Content für den Beobachter tätig und berät zudem Firmen bei digitalen Projekten und der Erstellung von Content-Strategien. Sie studierte New Media Journalism und verfügt über langjährige Erfahrung in Unternehmenskommunikation, Marketing und Medien.

Web: www.nathaly-tschanz.ch
E-Mail: mail@nathaly-tschanz.ch
Twitter: @n_tschanz

Die Autoren beschäftigen sich bereits seit vielen Jahren mit Augmented und Mixed Reality und haben auch ihre Masterarbeiten dazu verfasst. Ihr fundiertes Expertenwissen geben sie gerne in Interviews, bei Vorträgen und Seminaren oder in beratender Funktion bei der Umsetzung von AR/MR-Projekten weiter.

# Register

## A
Accelerometer 53
Aktivierungsprozesse 78
akustisches Tracking 51
App 62, 141
App-Store 160
Apple 33
Apple Store 160, 168
AR-Browser 63, 141
AR-Content-Management-Systeme 61
ARKit 61
AR/MR-App 141
Artificial Intelligence (AI) 174
Aufmerksamkeit 77
Aufmerksamkeitskonkurrenzkampf 68, 76
Augmented Perception 73
Augmented Reality 20, 21, 24, 25, 26, 30
Augmented- und Mixed-Reality-Brillen 56
Ausspielmedium 81

## B
Backend 165
Beacons 53, 93
Bedienlogik 162
Bedienungsanleitungen 107
Best-Practice-Beispiele 81
Bluetooth 31, 37, 58
Bluetooth Low Energy (BLE) 94
Bottom-up-Attention 77
Brain Computer Interfaces 174

Bring-your-own-device (BYOD) 82
Browser 63
Bücher 106

## C
CI-Richtlinien 156, 177
Computermonitor 54
Content-Management-System 166
Content Marketing 134
Context Marketing 134
Corporate Publishing 105
crossmedial 26, 66

## D
Datenbrillen 56
Deep Learning 174
Definitionen 25
Digitale Reiseführer 115
Digital Signage 55
360-Grad-Content 20
360-Grad-Rundgänge/Ansichten 21, 112, 166
360-Grad-Videos 20

## E
Emotionen 77
Entertainment 132
Entwicklungskosten 158
Epson Moverio 83
Erfolgskontrolle 131
Erfolgsmessung 144, 146
Erlebnisfaktor 148
Erlebnisorientierung 98

## Register

E-Textilien 82
Event-Tickets 106
Eye-Tracking 138, 140

### F

Facebooks Camera Effects
    Plattform 61
fixe Bildschirm-Stationen 55
Flow-Theorie 133
Flurry Analytics 149
Freigabeprozesse 156, 177
Frontend 165

### G

Gamification 118, 134
Geo-Blogging 115
Gestensteuerung 52
Gimmick 35, 136
Google Analytics 147, 148
Google Glass 30, 83
Google Play 160
Google Play Developer Console 161
Google Play Store 168
GPS 32, 50, 53, 93, 95
Gyroskop 53

### H

Haptik 71
Hardware 45
HDM 55
Head-mounted Display 29, 55
Head-up Displays (HDU) 60
Heat Maps 145
Hologramm-Darstellung 88
Holographic Computing 24
HoloLens 24, 32, 56, 83
Hybrid Reality 21
Hyperloop 122

### I

Imagetransfer 98
immersiv 20, 29, 88
implantierte Mikrochips 82
Indoor-Mapping 49
Influencer Marketing 99
Information 132

Informationsaufnahme 69
Informationsflut 68
Informationsgehalt 148
Informationsverarbeitung 70
Infotainment 93
Initialisierung 45
Inside-out-Tracking 49
Interaktivität 98
Internet of Things 36, 37, 134
Involvement 78
Iteration 140
Iterationsschleife 128
iTunes Connect 161

### J

Jarvis 174

### K

Kalkulation 157
Key-Performance-Indikatoren (KPI) 147, 148
Kiosk 55
Kommunikationsinstrumente 65
Kommunikationskanäle 26
Kompass 53
Kontaktlinsen 60
Kontext-sensitiv 77
Konzept 131
Kosten 159
Kunstausstellungen 93

### L

Lastenheft 159
laufzeitbasiertes Tracking 50
Lean 129
Leap-Motion-Kamera 138
Lernwelten 107
Lichtfeldtechnologie 57
Lichtsensoren 52
Live-Events 98
Live-Präsentationen 88
Livestream 25
Location-based Services 51, 54, 82, 115
Look-and-feel 162

**Register**

## M

Magic Leap 32
magnetisches Tracking 51
Markenführung 98
Marker 30, 47, 48, 50, 55, 56, 60, 170
markerloses Tracking 49, 61
Marketingkampagnen 84
mechanisches Tracking 51
Medienfragmentierung 71
Mediennutzungsdauer 66
Merged Reality 21, 24, 32
Messen 55, 93, 163
Meta 2 32, 56, 83
Meta One 32
Methoden
 –, agile 128
Milestones
 –, die wichtigen 153, 154, 155, 156
Minimum Viable Products (MVP) 129
Mixed Reality 20, 21, 22, 23, 24, 32
Mobile Couponing 116
mobile Internetnutzung 69
Multi-Marker-basiertes Tracking 47
Multisensory Enhancement 74
multisensuale Kommunikation 69
Mund-zu-Mund-Propaganda 93
Museen 37, 93, 95

## N

Netzabdeckung 132, 143

## O

ODG 83
Onlineversand 83
Optical-see-through 55
optische Sensoren 47
Opt-out 150, 161

## P

physisches Produkterlebnis 83
Plattform 158
Plug-in 143, 144
Point-of-Sale 83
Pokémon Go 27, 28, 31, 34, 35, 119
Polygone 142
Print 105
Printmedien 61
Produktverpackungen 107
Project Alloy 32
Projection Mapping 88
Project Tango 32, 81, 117
Projektmanagement 159
Projekt-Roulette 157
Prototyp 128, 140

## Q

QR-Code 26, 27, 61

## R

Realitäts-Virtualitäts-Kontinuum 19
Rechtliche Vorgaben 150
ReconJet 83
Registrierung 46
Reize 70, 78
Relevanz 135
Retail 84
RGB-D-Sensor 52

## S

Scribbles 157
selektive Prozesse 71
Sensorama 28
sensorische und motorische
 Aktivitäten 71
Sinne 70
SLAM-Tracking 49
Smartphones 55
Smartwatches 82
Software 45
Software Development Kit (SDK) 162
Software-Entwicklung 127
Storyboard 159, 160, 178
Storytelling 118, 132
Submit 167, 168
Sword of Damocles 29

## T

Tablets 55
Tango-Devices 49, 55
Tests 162, 166

**Register**

Testschleife 129
Tiefenkamera 49
Top-down-Attention 77
Tourismus 41, 82
Tracking 45, 47, 50
Trägheitsnavigationssysteme 51

**U**

UI/UX 131, 136, 162
UI/UX-Design 162
Unity 162
Unity3D 62
Unreal Engine 62
Usability 139, 141, 142, 147, 149
User Centered Design 139
User Experience (UX) 137
User Interface (UI) 137, 174
User Paths 149
User Story Map 129, 130, 159, 160
User Tests 128, 129, 139, 140, 153, 162, 166, 167
USP 137

**V**

veränderte Medienlandschaft 67
Verweildauer 26, 76, 146
Video-see-through 55
Virtual Reality 20, 34, 118, 129, 164
virtuelle Einblendungen 76
Visual Positioning Service 49
Vuzix 83

**W**

Wahrnehmungsprozess 70
Wasserfall-Methode 128
Wearable Computing 82
Wearables 82, 135
Werbung 66
WIFI 58, 93, 95, 132, 143
Windows Store 168
WLAN 53

# AUGMENTED REALITY TECHNOLOGY

## Wikitude SDK

Wikitude's all-in-one augmented reality SDK powered with SLAM, image recognition and tracking and location-based AR for mobile, tablets and smart glasses.

Auggie Awards Winner 2017
Elected Best Developer Tool

www.wikitude.com

See more.

# So machen Sie es richtig!

Roman Simschek, Sahar Kia
**Erklärvideos einfach erfolgreich**
2017, 141 Seiten, Hardcover
ISBN 978-3-86764-815-8

Produkte oder Dienstleistungen mit Hilfe von Erklärvideos im Internet zu präsentieren liegt im Trend. Denn Videos sind inzwischen die begehrtesten Inhalte im Netz. Vor diesem Hintergrund sind Unternehmen gefordert, ihre Kommunikation diesem veränderten Kundenverhalten anzupassen.

Das Buch zeigt Ihnen anschaulich und anhand zahlreicher Praxisbeispiele auf, was für die Erstellung eines erfolgreichen Erklärvideos wichtig ist und wie der Prozess der Erstellung abläuft. Und das alles ganz ohne Technik-Latein! Es gibt außerdem hilfreiche Tipps, wie Sie den optimalen Anbieter für Ihr Erklärvideo finden. Zahlreiche Tools, Software-Lösungen, Hinweise und Checklisten helfen bei der Umsetzung.

Das Buch wendet sich an Mitarbeiter in den Bereichen Marketing und Unternehmenskommunikation sowie an angehende Videoproduzenten.

www.uvk.de

# Methoden, Anwendungen, Praxisbeispiele

Claudia Fantapié Altobelli
**Marktforschung**
Methoden, Anwendungen, Praxisbeispiele
3., vollst. überarb. Aufl.
2017, 496 Seiten, Hardcover
ISBN 978-3-8252-8721-4

Trends und Risiken früh erkennen, das ist ein wichtiges Ziel der Marktforschung. Das Buch stellt hierfür die wesentlichen Methoden und Anwendungsgebiete vor, angefangen mit der Planung (also der Wahl des Forschungsansatzes, der Festlegung des Auswahlplans und der Wahl des Datenerhebungsverfahrens) bis hin zur Durchführung der Erhebung (also der Datensammlung, -auswertung und Interpretation der Ergebnisse).
Es berücksichtigt neben quantitativen auch qualitative Forschungsmethoden. Außerdem sind neuere Verfahren, speziell aus den Neurowissenschaften, Teil der 3. Auflage. Auf die Produkt-, Werbe- und Preisforschung geht dieses Buch überdies ein. Mit digitalen Medien, Big Data und ethischen Fragen setzt es sich auseinander.

Das Buch richtet sich gleichermaßen an Studierende, Wissenschaftler und Praktiker. Verständlichkeit und Nachvollziehbarkeit der Inhalte stehen deswegen im Vordergrund.

www.utb-shop.de

# Das Must-have für (angehende) EventmanagerInnen

Dieter Jäger
**Grundwissen Eventmanagement**
2017, 2. überarb. Aufl.
214 Seiten, Broschur
ISBN 978-3-8252-4799-7
€ 24,99

Kongresse, Festivals oder sportliche Großveranstaltungen planen und organisieren – das ist für viele ein Traumberuf. Hinter diesen Events steckt allerdings eine hochprofessionelle Branche.

Die zweite, überarbeitete Auflage dieses Buchs verrät Studierenden und Quereinsteigern alles Wissenswerte über Geschichte, Akteure, Organisationen und Event-Formate. Zudem vermittelt es griffig das Grundwissen rund um die Eventplanung, -umsetzung und -evaluierung.

www.utb-shop.de